D1706775

COLECCIÓN TIERRA FIRME

LA INVENCIÓN DE AMÉRICA

Alegoría de las cuatro partes del mundo. Ilustra el concepto jerárquico de las mismas en el que Europa aparece con las insignias de la realeza. Cubero, Sebastián P. *Peregrinación del mundo*. Nápoles, Porsile, 1682.

EDMUNDO O'GORMAN

LA INVENCIÓN
DE AMÉRICA

Investigación acerca de la estructura histórica
del nuevo mundo y del sentido de su devenir

FONDO DE CULTURA ECONÓMICA
MÉXICO

Primera edición,   1958
Segunda edición,   1977
Primera edición (Lecturas Mexicanas),   1984
    Cuarta reimpresión,   1995

D.R. © 1958, FONDO DE CULTURA ECONÓMICA
D.R. © 1986, FONDO DE CULTURA ECONÓMICA, S. A. DE C. V.
D.R. © 1995, FONDO DE CULTURA ECONÓMICA
Carretera Picacho-Ajusco 227; 14200 México, D. F.

ISBN 968-16-2371-1

Impreso en México

ADVERTENCIA

EL TEXTO de esta segunda edición en castellano es el que, entonces traducido por mí al inglés y ahora corregido y aumentado, sirvió de original para la edición inglesa publicada en Bloomington, 1961, por la *Indiana University Press*, y reeditada por la *Greenwood Press*, 1972, West Port, Connecticut.

En el prólogo de esa edición —también reproducido en ésta— expliqué la génesis del libro y di cuenta de las extensas adiciones que introduje respecto a la primera edición en castellano, Fondo de Cultura Económica, México-Buenos Aires, 1958. Nada, pues, tengo que agregar aquí, salvo dejar testimonio del beneplácito que me causa la oportunidad de ofrecer al lector de lengua española esta renovada versión de la obra que, entre las mías, estimo la menos indigna de exponerse de nuevo a los rigores de la luz pública.

Temixco, junio de 1976.   E. O'G.

PRÓLOGO

LA TESIS central de este libro tiene un largo proceso de gestación. Desde 1940, cuando me fue encomendada la tarea de reeditar la gran obra histórica del padre José de Acosta,[1] percibí vagamente que la aparición de América en el seno de la Cultura Occidental no se explicaba de un modo satisfactorio pensando que había sido "descubierta" un buen día de octubre de 1492. En efecto, en las páginas de Acosta se transparentaba la existencia de un proceso explicativo del ser del Nuevo Mundo que parecía innecesario de ser cierta aquella interpretación. A ese proceso llamé, por entonces, la "conquista filosófica de América" en un pequeño libro que publiqué dos años más tarde.[2] La solución a la duda que así había surgido respecto a la manera tradicional de entender el primero y justamente famoso viaje de Cristóbal Colón, requería, sin embargo, una meditación previa acerca del valor y sentido de la verdad que elabora la ciencia histórica, y a tal exigencia se debe que haya publicado en 1947 un libro donde examiné, desde el punto de vista de mi preocupación, tan decisivo problema.[3] En esta obra, pese a afirmaciones que hoy considero deben ser revisadas,[4] puse en claro, para mí por lo menos, la necesidad de considerar la historia dentro de una perspectiva ontológica, es decir, como un proceso productor de entidades históricas y no ya, según es habitual, como un proceso que da por supuesto, como algo previo, al ser de dichas entidades. Estas reflexiones me sirvieron para comprender que el concepto fundamental de esta manera de entender la historia era el de "invención", porque el de "creación", que supone producir algo *ex nihilo*, sólo tiene sentido dentro del ámbito de la fe religiosa. Así fue cómo llegué a sospechar que la clave para resolver el problema de la aparición histórica de América estaba en considerar ese suceso como el resultado de una invención del pensamiento occidental y no ya como el de un descubrimiento meramente físico, realizado, además, por casualidad. Pero para que esa

[9]

sospecha se convirtiera en convicción, hacía falta sujetar a
un examen crítico los fundamentos de la manera habitual
de entender el suceso, de suerte que emprendí una investigación con el objeto de reconstruir la historia, no del "descubrimiento de América", sino de la *idea de que América había
sido descubierta*. Los resultados de este trabajo, publicados
en 1951,⁵ me permitieron mostrar que, llevada a sus consecuencias lógicas, esa idea se reducía al absurdo, o lo que es
lo mismo, que era una manera inadecuada de comprender la
realidad histórica a que se refería. Removido así el obstáculo que significaba la existencia de una interpretación que
venía aceptándose como verdadera, el camino estaba abierto
para intentar una explicación más satisfactoria de los acontecimientos, del mismo modo que lo está para un hombre
de ciencia cuando ha descubierto que la hipótesis vigente
no da razón de la totalidad del fenómeno. Apoyado, pues,
en las conclusiones de la investigación previa, procedí a plantear el problema en los términos autorizados por ella, y en
1958, bajo el título de *La invención de América*, publiqué
los resultados de este nuevo intento.⁶ Por último, cuando la
Universidad de Indiana me confirió el honor de designarme
profesor visitante bajo los auspicios de la *Patten Foundation*,
tuve la oportunidad de revisar en conjunto las ideas conte-
nidas en los dos últimos libros que he mencionado, incitado
por la necesidad de exponerlas sumariamente en el curso
público que sustenté en dicha Universidad durante los me-
ses de noviembre y diciembre de 1958. Pude, así, afinar considerablemente algunos puntos, corregir ciertos errores y sub-
sanar omisiones, trabajo que he aprovechado para la redacción
de la presente obra.

La razón primordial en consignar los anteriores antecedentes es para que el lector quede advertido de que el libro que
tiene entre las manos no es, ni con mucho, una mera reedi-
ción del anterior que lleva el mismo título. En efecto, no
sólo se han incorporado un resumen de la historia y crítica
de la idea del descubrimiento de América (Primera Parte) y
una presentación del horizonte cultural que sirvió de fondo
al proceso de la invención de América (Segunda Parte), sino

que se ha añadido una especulación final (Cuarta Parte)
acerca de la estructura del ser americano y de su desarrollo
histórico con lo que se pretende ofrecer una explicación a
fondo de la razón de ser de la existencia de las dos Américas
y de su respectivo significado dentro del amplio marco de la
historia universal. Se trata, en lo esencial, del mismo libro;
pero por tan considerablemente ampliado puede y debe tenerse por otro. Por eso y a fin de evitar el peligro de una
confusión, le hemos puesto a éste un subtítulo distinto.

Hechas las anteriores explicaciones es pertinente repetir algo
de lo expuesto en el prólogo de la primera edición, porque se
trata de unas consideraciones también aplicables a ésta. Dije
entonces que este trabajo puede entenderse en un sentido
muy literal, como una comunicación de índole científica en
cuanto que en ningún momento se pretende en ella involu-
crar los problemas de las primeras causas y de las últimas me-
tas del fenómeno que en él se estudia. Quiero decir que en
modo alguno se trata de una investigación orientada por una
idea previa acerca de la finalidad trascendente o inmanente
del devenir histórico. Aquí no campea ni un providencialismo religioso, ni una teología idealista, porque no en vano
nos ha enseñado la experiencia que tales sabidurías exceden
los límites del entendimiento humano. Esto no impide, sin
embargo, que quien así lo quiera, pueda leer detrás de nuestras descripciones una intención divina o unos propósitos cós-
micos. Aquí campea, en todo caso, la noción del devenir
histórico como un proceso que cumple a su modo las finalidades de la vida, lo que es decir bien poco, porque ello no
hace sino remitirlo a fondos que se hunden en el misterio.
Se trata, por consiguiente, de unas descripciones, y hasta eso,
harto esquemáticas, como podrían ser las de un biólogo que,
asomado al microscopio, se conforma con comunicar sus
observaciones acerca de la manera en que se reproduce, pongamos por caso, la célula de un tejido vivo. Si se me permite
la imagen, quisiera que se viera en este libro algo así como
una investigación de la fisiología de la historia; pero de la
historia entendida, no ya como un acontecer que le "pasa"

al hombre y que así como le sucedió pudo haberle no ocurrido, mera contingencia y accidente que en nada lo afecta, sino como algo que lo va constituyendo en su ser espiritual; la historia, por lo tanto, como una modalidad de lo que llamamos la vida. Y es que este trabajo, no obstante sus flaquezas es, en definitiva, una inspección del *modus operandi* y del *modus vivendi* de la historia: revela —dentro de los límites del campo de observación elegido— cómo del seno de una determinada imagen del mundo, estrecha, particularista y arcaica, surge un ente histórico imprevisto e imprevisible que, al irse constituyendo en su ser, opera como disolvente de la vieja estructura y cómo, al mismo tiempo, es el catalítico que provoca una nueva y dinámica concepción del mundo más amplia y generosa.

Es claro, entonces, que el lector debe estar preparado para advertir sin sorpresa que los problemas que aquí se estudian desbordan por todos lados los límites concretos del tema americano, para acabar ofreciendo una idea de la marcha y progresos de la Cultura de Occidente, que así se revela como el único proyecto vital de la historia con verdadera promesa en virtud de la dialéctica interna que lo vivifica.

HISTORIA Y CRÍTICA DE LA IDEA DEL DESCUBRIMIENTO DE AMÉRICA

Primera Parte

HISTORIA Y CRITICA DE LA IDEA DEL DESCUBRIMIENTO DE AMERICA

¡Hasta que, por fin, vino alguien a descubrirme!

Entrada del 12 de octubre de 1492 en un
imaginario *Diario íntimo de América.*

I

No SERÁ difícil convenir en que el problema fundamental
de la historia americana estriba en explicar satisfactoriamente
la aparición de América en el seno de la Cultura Occidental,
porque esa cuestión involucra, ni más ni menos, la manera
en que se conciba el ser de América y el sentido que ha de
concederse a su historia. Ahora bien, todos sabemos que la
respuesta tradicional consiste en afirmar que América se hizo
patente a resultas de su descubrimiento, idea que ha sido
aceptada como algo de suyo evidente y constituye, hoy por
hoy, uno de los dogmas de la historiografía universal. Pero
¿puede realmente afirmarse que América fue descubierta sin
incurrirse en un absurdo? Tal es la duda con que queremos
iniciar estas reflexiones.

Empecemos por justificar nuestro escepticismo, mostran-
do por qué motivo es lícito suscitar una duda al parecer tan
extravagante. La tesis es ésta: que al llegar Colón el 12 de
octubre de 1492 a una pequeña isla que él creyó pertenecía
a un archipiélago adyacente al Japón fue como descubrió a
América. Bien, pero preguntemos si eso fue en verdad lo que
él, Colón, hizo o si eso es lo que ahora se dice que hizo. Es
.obvio que se trata de lo segundo y no de lo primero. Este
planteamiento es decisivo, porque revela de inmediato que
cuando los historiadores afirman que América fue descubierta por Colón no describen un hecho de suyo evidente, sino
que nos ofrecen la manera en que, según ellos, debe entenderse un hecho evidentemente muy distinto: es claro, en
efecto, que no es lo mismo llegar a una isla que se cree cercana al Japón que revelar la existencia de un continente de

la cual, por otra parte, nadie podía tener entonces ni la menor sospecha. En suma, se ve que no se trata de lo que se sabe documentalmente que aconteció, sino de *una idea* acerca de lo que se sabe que aconteció. Dicho de otro modo, que cuando se nos asegura que Colón descubrió a América no se trata de un hecho, sino meramente de la interpretación de un hecho. Pero si esto es así, será necesario admitir que nada impide, salvo la pereza o la rutina, que se ponga en duda la validez de esa manera peculiar de entender lo que hizo Colón en aquella memorable fecha, puesto que, en definitiva, no es sino una manera, entre otras posibles, de entenderlo. Es, pues, lícito suscitar la duda que, en efecto, hemos suscitado.

Pero suscitada la duda, es muy importante comprender bien su alcance, porque hay riesgo de incurrir en un equívoco que conduciría a una confusión lamentable. Entiéndase bien y de una vez por todas: el problema que planteamos no consiste en poner en duda si fue o no fue Colón quien descubrió América, ya que esa duda supone la admisión de la idea de que América fue descubierta. No, nuestro problema es lógicamente anterior y más radical y profundo: consiste en poner en duda si los hechos que hasta ahora se han entendido como el descubrimiento de América deben o no deben seguir entendiéndose así. Por consiguiente, lo que vamos a examinar no es cómo, cuándo y quién descubrió a América, sino si la idea misma de que América fue descubierta es una manera adecuada de entender los acontecimientos, es decir, si con esa idea se logra o no explicar, sin objeción lógica, la totalidad del fenómeno histórico de que se trata. Nada, pues, tiene de extravagante nuestra actitud. Es la de un hombre de ciencia que, frente a una hipótesis la sujeta a revisión, ya para conformarse con ella si no encuentra una explicación mejor, ya para rechazarla y substituirla por otra en caso contrario. Tal ha sido siempre la marcha en el progreso del conocimiento.

Nos persuadimos de que las consideraciones anteriores son suficientes para que, por lo menos, se nos conceda el beneficio de la duda. Quien no lo estime así, debe suspender esta lectura para seguir encastillado en sus opiniones tradicionales. Quien, por el contrario, comprenda que estamos frente a un verdadero problema ha dado ya el paso decisivo: ha despertado, como decía Kant, de su sueño dogmático.

Una vez puesta en duda la validez de la idea que explica la aparición de América como el resultado de su descubrimiento, debemos pensar de qué modo puede ponerse a prueba. En principio esto no ofrece mayor dificultad. En efecto, como toda interpretación responde a una exigencia previa, que es de donde depende su verdad, el problema se reduce a examinar si dicha exigencia conduce o no a un absurdo, porque es claro que de ser así se debe rechazar la interpretación para substituirla por otra más satisfactoria. Pero ¿cómo, entonces, comprobar si eso acontece en nuestro caso? He aquí la cuestión.

Pues bien, como la idea de que Colón descubrió a América cuando aportó a una isla que creyó cercana al Japón no describe el suceso histórico según aparece en los testimonios, es obvio que la exigencia que generó aquella interpretación no procede del fundamento empírico del hecho interpretado, es decir, es obvio que no se trata de una interpretación apoyada de los hechos (a posteriori), sino de una interpretación fundada en una idea previa acerca de los hechos (a priori). Pero si eso es así, ¿qué es lo que debemos examinar para averiguar en qué consiste esa idea previa para poder comprobar si conduce o no a un absurdo? La respuesta no ofrece duda: puesto que en nada aprovecha examinar el hecho interpretado, porque de él no depende la idea, es claro que debemos examinar el hecho mismo de la interpretación que es un hecho tan histórico como el otro. En una palabra, que para saber a qué se debe la idea de que Colón descubrió a América a pesar de que se sabe que él ejecutó un acto muy distinto, es necesario averiguar cuándo, cómo y por qué se pensó eso por primera vez y por qué se sigue aceptando. Es decir, será necesario reconstruir la historia, *no del descubrimiento de América, sino de la idea de que América fue descubierta*, que no es lo mismo. Y eso es lo que vamos a hacer.[1]

II

Puesto que nuestra tarea consiste en contar la historia de la idea del descubrimiento de América, lo primero que debe preocuparnos es averiguar el origen de esa idea. Sabemos que Colón no es responsable de ella. ¿Cuándo, entonces, se concibió por primera vez el viaje de 1492 como una empresa de descubrimiento?

Una pesquisa documental realizada en otra obra,[2] nos enseñó que la idea se gestó en un rumor popular que los eruditos llaman la "leyenda del piloto anónimo". Vamos a recordarlo brevemente de acuerdo con las noticias del padre Bartolomé de las Casas, el testigo más directo que tenemos acerca de ese particular. Dice que los primitivos colonos de la Isla Española (Haití empezó a poblarse por los españoles en 1494), entre quienes había algunos que acompañaron a Colón en su primer viaje, estaban persuadidos de que el motivo que determinó al almirante para hacer la travesía, fue el deseo de mostrar la existencia de unas tierras desconocidas de las que tenía noticia por el aviso que le dio un piloto cuya nave había sido arrojada a sus playas por una tempestad.[3]

Considerando la temprana fecha y el contenido del relato, es forzoso concluir que en él se concibe por primera vez el viaje de 1492 como una empresa de descubrimiento, puesto que en lugar de admitir el verdadero propósito que animó a Colón —que era llegar al extremo oriental de Asia—, se dice que su finalidad fue revelar unas tierras desconocidas.

Esta manera de comprender la "leyenda" ha sido objetada por dos motivos. Se alega que es indebido concederle el sentido de una interpretación del viaje colombino, primero, porque el hecho que se relata es falso y segundo, porque la "leyenda" no tuvo ese objeto, sino que fue forjada como una arma polémica para emplearse en contra de los intereses y prestigio de Colón.[4] Ahora bien, admitiendo la verdad de esas dos circunstancias, no es difícil ver que ninguna constituye una objeción a nuestra tesis. En efecto, respecto a la primera es obvio que la falsedad objetiva del relato no impide que contenga una interpretación del suceso a que se refiere.

Si hiciéramos caso de ese argumento la mayoría de los historiadores modernos tendrían que afirmar que, por ejemplo, *La Ciudad de Dios* de San Agustín no contiene una interpretación de la historia universal, porque es falso que exista una providencia divina que norma y rige los destinos humanos. El segundo cargo es igualmente ineficaz, porque es claro que de ser cierto que la "leyenda" tuvo por propósito fabricar un arma polémica contra los intereses y prestigio de Colón, sólo concediéndole el significado de una interpretación del viaje podía servir para ese efecto. Es como si, para tomar el mismo ejemplo, se alegara que no es debido aceptar *La Ciudad de Dios* como una interpretación de la historia universal, porque el objeto que persiguió San Agustín al escribirla fue, como en efecto fue, ofrecerle al Cristianismo un arma polémica contra los paganos. Dejemos a un lado, pues, esas supuestas objeciones, y pasemos a considerar la verdadera dificultad que presenta el hecho mismo de la existencia de la "leyenda" y del amplio crédito que, como es sabido, se le concedió de inmediato.[5]

En efecto, no es fácil comprender a primera vista cómo pudo surgir la "leyenda" y por qué fue aceptada por encima y a pesar de que la creencia de Colón de haber llegado a Asia se divulgó como cosa pública y notoria al regreso de su primer viaje. La solución a este pequeño enigma ha preocupado a muchos escritores modernos, sin que, a decir verdad, lo hayan resuelto satisfactoriamente, porque o se limitan a mostrar su indignación contra el anónimo "envidioso" que inventó tan fea calumnia,[6] o bien niegan el problema en lugar de resolverlo, alegando, contra toda evidencia, que la creencia de Colón era un secreto del que no estaban enterados los historiadores.[7] A mí me parece que la solución se encuentra en el general escepticismo con que fue recibida la creencia de Colón,[8] porque así se entiende que, fuera de los círculos oficiales bien enterados, se dudara de la sinceridad de ese "italiano burlador" como le decían algunos,[9] y que, por lo tanto, se buscara una explicación a su viaje apoyada en alguna circunstancia más o menos plausible. Se pueden imaginar muchos posibles pretextos, e incluso algunos eruditos han creído poder señalar el que consideran el "núcleo histórico" de la "leyenda",[10] y hasta podría pensarse que alguna frase del propio Colón haya dado piel al cuento o por lo menos que lo haya sugerido.[11]

Estas especulaciones tienen, sin embargo, un interés muy secundario para nuestros propósitos, porque lo decisivo es que al surgir la "leyenda" como explicación histórica del viaje se inició el proceso del desconocimiento de la finalidad que realmente lo animó, y esta circunstancia, que llamaremos "la ocultación del objetivo asiático de la empresa", es, ni más ni menos, la condición de posibilidad de la idea misma de que Colón descubrió a América, según hemos de comprobar más adelante.

Pero si es cierto que en la "leyenda" está el germen de esa interpretación no debemos sobrestimar su alcance. De momento es obvio que no se trata aún del descubrimiento de América, pues la "leyenda" sólo se refiere a unas tierras indeterminadas en su ser específico, y no es menos obvio que, de acuerdo con ella, el verdadero descubridor sería el piloto anónimo por haber sido el primero que realizó el hallazgo. De estas conclusiones se infiere, entonces, que el próximo paso consistirá en ver de qué manera el viaje de 1492, ya interpretado como una empresa descubridora de tierras ignoradas, será referido específicamente a América y cómo pudo atribuirse el descubrimiento a Colón en lugar de atribuírselo a su rival, el piloto anónimo.

III

El texto más antiguo donde aparece Colón como el descubridor de América es el *Sumario de la natural historia de las Indias,* de Gonzalo Fernández de Oviedo, libro publicado unos treinta años después de la época en que debió surgir la "leyenda del piloto anónimo".[12] Este pequeño libro no es sino una especie de breve anticipo de la *Historia general* que ya escribía por entonces el autor, y en él se limita a consignar las noticias acerca de la naturaleza de América que, a su parecer, podían interesar más vivamente al emperador don Carlos, a quien va dedicado. No es sorprendente, entonces, que en el *Sumario* sólo se encuentre una alusión a nuestro tema, pero una alusión muy significativa.

Remitiendo al lector a lo que aparecerá en la *Historia general* donde, según dice, tratará por extenso el asunto, Oviedo afirma que "como es notorio", Colón descubrió las Indias (es decir, América) en su viaje de 1492.[13] Eso es todo, pero no es poco si consideramos que aquí tenemos afirmada por primera vez de un modo inequívoco la idea cuya historia vamos reconstruyendo.

Ahora bien, si no estuviéramos en antecedentes, la opinión de Oviedo resultaría muy desconcertante, porque sin tener conocimiento de la previa interpretación contenida en la leyenda del piloto anónimo y de la ocultación que en ella se hace de los motivos que animaron a Colón y de su creencia de haber llegado a Asia, sería muy difícil explicarla. En efecto, es claro que si a Oviedo le parece "notorio" que lo realizado por Colón fue descubrir unas tierras ignotas, es decir, si le parece que semejante manera de entender el viaje de 1492 es algo que no requiere prueba ni justificación, tiene que ser porque así era como se venía entendiendo desde antes. Se trataba, pues, de una opinión recibida que él simplemente recoge y repite.

Pero si esto parece indiscutible, no se ve tan fácilmente por qué Oviedo no refiere el descubrimiento a sólo unas regiones indeterminadas como acontece en la leyenda, sino específicamente a las Indias, o sea a América. La razón de tan decisivo cambio es que durante los treinta años que habían transcurrido desde que apareció la "leyenda" se había desarrollado un proceso ideológico que culminó, como veremos en la Segunda Parte de este trabajo, en la convicción de que las tierras visitadas por el almirante en 1492 formaban parte de una masa continental separada de Asia y concebida, por lo tanto, como un ente geográfico distinto, llamado América por unos y las Indias, por los españoles.[14]

Así, al dar Oviedo por supuesta como verdad indiscutible

la interpretación del viaje de 1492 como una empresa descubridora, también dio por supuesto que dicho descubrimiento fue de las Indias (América), ya que sólo con ese ser conocía las regiones halladas por Colón.

Pero esta nueva manera de entender la hazaña colombina que consiste, según acabamos de explicar, en interpretar un acto de acuerdo con los resultados de un proceso de fecha muy posterior del acto interpretado, suscitó un grave problema que conviene puntualizar, porque será el eje en torno al cual va a girar toda esta extraordinaria historia. En efecto, como a diferencia de la "leyenda" se afirma ahora que el descubrimiento fue, no de unas regiones indeterminadas en su ser, sino de un continente imprevisible, para poder afirmar que Colón reveló la existencia de dicho continente, será indispensable mostrar que tuvo conciencia del ser de eso cuya existencia se dice que reveló, pues de lo contrario no podría atribuirse a Colón el descubrimiento. Para que esto quede enteramente claro vamos a poner un ejemplo. Supongamos que el velador de un archivo encuentra un viejo papiro en una bodega. Al día siguiente le da la noticia a un profesor universitario de letras clásicas y éste reconoce que se trata de un texto perdido de Aristóteles. La pregunta es ésta: ¿quién es el descubridor de ese documento, el velador que lo halló o el profesor que lo identificó? Es evidente que si se le considera como puro objeto físico, como un papiro cualquiera, fue el velador el descubridor. Ése es el caso de la interpretación contenida en la leyenda del piloto anónimo. Pero es igualmente evidente que si se considera el documento como un texto de Aristóteles, su descubridor fue el profesor, puesto que él fue quien tuvo conciencia de lo que era. Así, si alguien enterado del suceso quisiera mantener que el verdadero descubridor del texto de Aristóteles había sido el velador del archivo y que a él le correspondía la fama científica del hallazgo, nadie estaría de acuerdo a no ser que mostrara que tuvo conciencia de lo que había encontrado en aquella bodega. Ése es, precisamente, el caso en que se coloca Oviedo y todos los que, después de él, van a sostener que Colón fue el descubridor de América. Y ya se irá columbrando la dificultad del trance, cuando ya no sea posible seguir desconociendo lo que en realidad pensó Colón de su hallazgo. Esta crisis, sin embargo, no se presentará de inmediato, porque, según indicamos, la consecuencia fundamental de la "leyenda" fue ocultar, precisamente, aquella opinión.

Planteada así la situación, vamos a examinar en seguida los intentos que se hicieron por superarla. Se trata de tres teorías sucesivas que integran un proceso lógico y que, como se verá oportunamente, acabará fatalmente por reducir al absurdo la idea del descubrimiento de América.

Descripcione de tesis.

IV

Lo acabamos de ver: una vez lanzada la idea de que lo descubierto era América, es decir, un continente hasta entonces no sólo imprevisto sino imprevisible, el único problema que quedaba era a quién atribuirle la fama de tan extraordinario suceso, al piloto anónimo o a Cristóbal Colón, o para decirlo en términos de nuestro ejemplo, al velador que halló el papiro o al investigador que lo identificó como un texto de Aristóteles. Para resolver este conflicto hubo dos intentos iniciales, ambos insuficientes por lo que se verá en seguida, y un tercero que supo encontrar la solución al dilema. El conjunto de estos esfuerzos constituye la primera gran etapa del proceso. Vamos a examinarla en sus pasos fundamentales.

1. Primer intento: Oviedo. *Historia general y natural de las Indias.*[15] He aquí la tesis:

A. La explicación tradicional de cómo ocurrió el descubrimiento de América es insatisfactoria, porque el relato del piloto anónimo es dudoso. Pero suponiendo que sea cierta la intervención de ese personaje, es a Colón a quien corresponde la gloria del descubrimiento de las Indias.

B. La razón es que, independientemente de si recibió o no el aviso del piloto anónimo, Colón supo lo que eran las tierras cuya existencia reveló, es decir, tuvo conciencia del ser de esas tierras.

C. Pero ¿cómo? Colón, dice Oviedo, sabía lo que iba a encontrar desde que propuso el viaje. En efecto, como las Indias, explica, no son sino las Hespérides de que tanta mención hacen los escritores antiguos, Colón se enteró de su existencia y ser por medio de la lectura de esas obras. Así, sabedor de que tales tierras existían y de lo que eran, y quizá corroborado, además, por la noticia del piloto anónimo, salió a buscarlas y las descubrió.[16]

2. Segundo intento: Gómara. *Historia general de las Indias*.[17] He aquí la tesis:

A. La explicación tradicional es satisfactoria, porque el relato del piloto anónimo es verdadero.

B. Lo que resulta fabuloso es pensar que Colón haya averiguado la existencia de las tierras que halló por lecturas en los libros clásicos. Cuanto se puede conceder es que corroboró la noticia del piloto anónimo con las opiniones de hombres doctos acerca de lo que decían los antiguos sobre "otras tierras y mundos".

C. Colón, por lo tanto, sólo es un segundo descubridor. El primero y verdadero fue el piloto anónimo, porque a él se debe el conocimiento de las Indias que hasta entonces habían permanecido totalmente ignoradas.[18]

Si consideramos estas dos tesis, se advierte que ninguna logra resolver satisfactoriamente el problema. La de Oviedo, es cierto, cumple con el requisito que debe concurrir en el descubridor, porque Colón aparece como *teniendo conciencia del ser específico de las tierras* cuyo descubrimiento se le atribuye. Pero el descubrimiento, en cambio, deja de ser propiamente eso, porque al identificarse América con las Hespérides, ya no se trata de algo cuya existencia era desconocida, sino meramente de algo olvidado o perdido.[19]

La tesis de Gómara, por su parte, adolece del defecto contrario: se mantiene en ella, es cierto, la idea de que se trata de unas tierras cuya existencia se desconocía, pero no se cumple, en cambio, el requisito por parte del descubridor de la conciencia de lo que. eran.

En ambas tesis, aunque por motivos opuestos, el acto que se atribuye no corresponde al acto que se dice fue realizado.

Estas reflexiones muestran que la solución tenía que combinar los aciertos respectivos de las tesis precedentes, evitando sus fallas. Tenía que mantenerse la idea de que se ignoraba la existencia de las tierras objeto del descubrimiento, como lo hizo Gómara, y mostrar, sin embargo, que el descubridor tuvo conciencia previa de que existían, según lo intenta Oviedo. Quien logró conciliar unos extremos al parecer tan incompatibles fue el bibliófilo y humanista don Fernando Colón, en la célebre biografía que escribió de su famoso padre. Veamos cómo y a qué precio logró hacerlo.

3. Tercer intento: Fernando Colón. *Vida del Almirante*.[20] He aquí la tesis:

A. Nadie antes de Colón supo de la existencia de las tierras que halló en 1492. Es, pues, falso que alguien le haya dado noticias de ellas, y falso que haya leído de ellas en antiguos libros.

B. Lo que pasó es que Colón tuvo la idea de que al occidente de Europa tenía que existir un continente hasta entonces ignorado.

C. Pero si era ignorado, cómo, entonces, tuvo Colón idea de que existía. La tuvo, dice don Fernando, por una genial inferencia deducida de sus amplios conocimientos científicos, de su erudición y de sus observaciones. Es decir, tuvo esa extraordinaria idea como hipótesis científica.[21]

D. La empresa de 1492 no fue, pues, de corroboración de una noticia que hubiere tenido Colón; fue de comprobación empírica de su hipótesis, sólo debida a su talento. Con el viaje que emprendió en 1492, Colón mostró, por consiguiente, la existencia de un continente ignorado, no de regiones conocidas pero olvidadas según pretende Oviedo; y al mostrar su existencia reveló lo que era, porque previamente lo sabía. Colón, pues, es el descubridor indiscutible de América.

E. Es cierto que ese continente se conoce ahora con el nombre de "Indias"; pero eso no significa, como pretenden algunos, que Colón haya creído que había llegado a Asia. La explicación es que, sabiendo muy bien que se trataba de un continente distinto, él mismo le puso aquel nombre, no sólo por su relativa cercanía a la India asiática, sino porque de esa manera logró despertar la codicia de los reyes para animarlos a patrocinar la empresa.[22]

F. De este modo, don Fernando no sólo aprovecha la ocultación que ya existía respecto a las verdaderas opiniones de su padre, sino que deliberadamente la fomenta al dar una falsa explicación del indicio que revelaba la verdad de aquellas opiniones, pues es indiscutible que él las conocía. En efecto, es lógico suponer ese conocimiento por muchos obvios motivos y, entre otros y no el menos, porque don Fernando acompañó a Colón en su cuarto viaje que fue cuando, después de cierta vacilación en el tercero, el almirante quedó absoluta y definitivamente persuadido de que todos los litorales que se habían explorado eran de Asia. Tal la tan mal comprendida y equívoca tesis de don Fernando Colón.[23]

Ahora bien, se advierte que esta tesis, en que la ocultación de las ideas de Colón ya no se debe a un mero escepticismo, sino a un calculado deseo de esconderlas, logra conciliar los dos requisitos del problema. Es de concluirse, entonces, que en ella encontró su solución adecuada, pero, claro está, sólo mientras se pudiera mantener escondida la opinión que se formó Colón de su hallazgo. Desde este momento, por otra parte, la rivalidad entre el piloto anónimo y Colón quedó decidida a favor de éste, porque si es cierto que la tesis de Gómara siguió teniendo muchos adeptos de no poca distinción,[24] no lo es menos que semejante actitud no representa un nuevo paso, sino un mero arrastre de inercia tradicionalista. Por este motivo aquí no cabe ocuparnos de ello. Vamos a examinar, en cambio, a qué se debió que la solución tan equívocamente alcanzada por don Fernando haya entrado en crisis, impulsando de ese modo al proceso hacia la segunda etapa de su desarrollo. Esta mudanza se debe al padre Las Casas cuya intervención, por consiguiente, procede estudiar en seguida.

v

Bartolomé de las Casas. *Historia de las Indias*.[25]

A. La premisa fundamental es la concepción providencialista de la historia: Dios es la causa mediata y eficiente, y el hombre, la causa inmediata e instrumental. Así, el descubrimiento de América es el cumplimiento de un designio divino que fue realizado por un hombre elegido para ese efecto.[26]

B. Ese hombre fue Cristóbal Colón, a quien Dios dotó de todas las cualidades necesarias para llevar a cabo la hazaña. De esta manera, obrando con libertad dentro de la esfera del mundo natural, Colón logró intuir por hipótesis científica, no por revelación divina, la existencia del continente de las Indias, es decir, América. Hasta aquí, Las Casas sigue de cerca la argumentación empleada por don Fernando.[27]

C. Formalmente las dos tesis son casi iguales, pero difieren en el fondo, porque, para Las Casas, el significado del descubrimiento gravita exclusivamente en su finalidad religiosa. Lo esencial no estriba, pues, en que de ese modo se conoció una parte ignorada de la Tierra, sino en la circunstancia de que se trata de tierras habitadas por unos hombres a quienes todavía no les alumbra la luz evangélica.

D. Esta diferencia ideológica respecto al significado de la empresa ("hazaña divina" la llama Las Casas) explica por qué Las Casas, siempre aficionado a acumular razones, no se limitó a reproducir la argumentación de don Fernando, tan cuidadosamente calculada para no delatar el verdadero propósito que animó a Colón. En efecto, Las Casas añadió cuantos motivos se le ocurrieron para explicar cómo pudo saber Colón que existían las Indias, y así, sin reparar en las inevitables incongruencias, lo vemos aducir en abigarrada e indigesta mezcla, ya el mito de la Atlántida, ya los llamados versos proféticos de Séneca, ya "la leyenda" del piloto anónimo y hasta la teoría de las Hespérides de Oviedo, tan duramente censurada por don Fernando.[28]

E. Pero lo decisivo en esta manera de proceder fue que Las Casas, poseedor de los papeles del almirante, no se cuidó de ocultar el objetivo asiático que en realidad animó su viaje, ni la convicción que tuvo de haberlo alcanzado.[29]

F. La razón es que, dada la perspectiva trascendentalista adoptada por Las Casas, los propósitos personales de Colón carecen de importancia verdadera, porque, cualesquiera que hayan sido (confirmar una noticia, hallar unas regiones olvidadas, corroborar una hipótesis o llegar a Asia), el significado de la empresa no depende de ellos. Para Las Casas, Colón tiene que cumplir fatalmente las intenciones divinas independientemente de las suyas personales, de suerte que determinar lo que Colón quería hacer y lo que creyó que había hecho resulta enteramente secundario. Lo único que interesa poner en claro es que Dios le inspiró el deseo de hacer el viaje, y para este efecto cualquier explicación es buena.

G. Igual indiferencia existe por lo que toca al problema del ser específico de las tierras halladas, al grado de que resulta difícil si no imposible precisar lo que al respecto opina Las Casas.[30] La razón es siempre la misma: semejante circunstancia carece de significación verdadera. ¿Qué más da si se trata de las Hespérides, de un fragmento de la Isla Atlántida, de un Nuevo Mundo o de unas regiones asiáticas? ¿Qué más da lo que Colón o cualquiera piense al respecto? Dios no puede tener interés en los progresos de la ciencia geográfica. Lo decisivo es que Colón abrió el acceso a unas regiones de la Tierra repletas de pueblos a quienes es urgente predicar la palabra revelada y concederles la oportunidad del beneficio de los sacramentos antes de que ocurra el fin del mundo que Las Casas estima inminente.[31]

H. Por lo tanto, si ha de decirse en verdad quién fue el descubridor de América, debe contestarse que fue Cristóbal Colón, pero no en virtud de los propósitos y convicciones personales que animaron su empresa, sino como instrumento elegido por la Providencia para realizar la trascendental hazaña. Y si ha de precisarse qué fue lo que descubrió, debe decirse, no que fueron tales o cuales regiones geográficamente determinadas, sino el oculto camino por donde llegaría Cristo a aquellos numerosos y olvidados pueblos para cosechar entre ellos el místico fruto de la salvación eterna.[32]

Tal la tesis de Bartolomé de las Casas, y tal la manera de entender las muchas incongruencias que, de otra manera, ofrece la atenta lectura de su obra. Pero ¿cuál, entonces, el sentido de la intervención de Las Casas desde el punto de vista de nuestro problema? Tratemos de puntualizarlo.

Puesto que la tesis remite el significado de la empresa al plano trascendental de la esfera religiosa, la desarraiga de sus premisas histórico-temporales, y por lo tanto, en sí misma no representa ningún avance en el desarrollo del proceso que venimos reconstruyendo. Pero esto no quiere decir que carezca de importancia. Por el contrario, como en la *Historia* de Las Casas se admite y prueba cuál fue el propósito que tuvo Colón al emprender su viaje de 1492 y se confiesa la creencia en que estuvo de haberlo realizado, en lo sucesivo ya no será posible continuar ocultando lisa y llanamente ese propósito y creencia. Con la intervención de Las Casas, por consiguiente, entra en crisis la primera gran etapa del proceso y se inicia así la posibilidad de un nuevo y fundamental desarrollo, y en esto, claro está, estriba para nosotros su significación decisiva.

VI

Se pensará que desde el momento en que se hizo patente con testimonio irrefragable la verdad del objetivo asiático del viaje de 1492, era obligado abandonar la idea misma de ver en él una empresa descubridora de tierras totalmente ignoradas, para comprenderlo, en cambio, como lo que fue: una tentativa de ligar a Europa y Asia por la ruta del occidente. Y tal era, en efecto, la consecuencia a que debió llegarse de no haber existido el impedimento lógico de la premisa que, según sabemos, condiciona todo este proceso, a saber: que la interpretación de aquel viaje como un acto descubridor de tierras desconocidas había quedado establecida como una evidencia. A causa de esto se siguió, pues, en la misma situación lógica y por lo tanto, quedó en pie el problema de cómo atribuirle a Colón el descubrimiento de América, pero ahora a pesar y por encima de que se sabe que sus propósitos fueron otros, (vamos a dedicar este apartado al estudio de los esfuerzos que se hicieron por resolverlo, y que no serán sino intentos de conciliar la tesis de don Fernando con los informes proporcionados por Las Casas. No otra, en efecto, podía ser la orientación general de este nuevo desarrollo.

1. Herrera. *Las Décadas.*[33]

A. En términos generales, Herrera se atiene a la argumentación de don Fernando. Para él, pues, Colón tuvo conciencia de que existían las Indias (América) gracias a una hipótesis científica, y el viaje de 1492 no fue sino la manera de comprobarla.

B. Pero a gran diferencia de don Fernando y ante la necesidad de tener en cuenta los datos revelados por Las Casas, Herrera afirma, sin explicar cómo ni por qué, que Colón se persuadió que había llegado a Asia. Es decir, que en el primer viaje, Colón no comprobó su hipótesis.

C. El engaño en que incurrió el almirante subsistió a lo largo de la segunda y tercera exploraciones; pero en la cuarta y última, Colón advirtió su error al tener noticia cierta de la existencia del Mar del Sur, es decir, del Océano Pacífico.

D. Fue así, por lo tanto, como finalmente Colón pudo comprobar su hipótesis inicial, de suerte que Herrera puede atribuirle el descubrimiento de América, ya que no sólo mostró dónde se hallaba ese desconocido continente, sino que tuvo conciencia de lo que revelaba.[34]

Se advierte sin dificultad que esta tesis no logra atender debidamente los hechos delatados por el padre Las Casas, puesto que sólo introduce en la interpretación la circunstancia de que Colón creyó haber llegado a Asia, pero no así que ése era desde un principio su propósito. A este respecto Herrera altera deliberadamente lo que afirma Las Casas,[35] con lo que se demuestra hasta qué punto comprende que para atribuirle a Colón el descubrimiento era necesario mantener que había tenido conciencia del ser específico de las tierras halladas. La tesis, pues, es un primer intento por superar la crisis; pero con toda evidencia la maniobra en que se sustenta no podía sostenerse indefinidamente. Tenía que llegar el momento en que se admitiera el objetivo asiático de la empresa, porque sólo así, por otra parte, se comprendería por qué Colón se persuadió de que las regiones halladas eran asiáticas, circunstancia que, naturalmente, Herrera no puede explicar. Ese momento se presentó años más tarde, según lo documentan dos autores cuyos textos vamos a considerar en seguida.

2. Beaumont. *Aparato.*[36]

A. La empresa estuvo animada por dos objetivos posibles: o descubrir un continente desconocido cuya existencia había inferido Colón por hipótesis científica, o llegar hasta Asia, en el caso de no hallar dicho continente.

B. Durante el primero y segundo viajes, Colón cree que está en Asia; pero en la tercera exploración advierte que había aportado a playas del continente desconocido que quiso encontrar desde un principio.

C. Fue así como Colón descubrió a América, porque pese a su equívoco previo, acabó comprobando la hipótesis inicial.[37]

Esta manera de entender la empresa y de atribuir el descubrimiento a Colón es muy semejante a la de Herrera, y por lo tanto, todavía se trata de un compromiso a base de la solución de don Fernando. En efecto, el modo de introducir en ella, sin alterar su esencia, el equívoco de Colón es el mismo que adoptó Herrera, pero ahora sin inconsecuencia, porque el objetivo asiático aparece ya postulado como finalidad de la empresa, bien que como secundario al lado del objetivo descubridor de un continente desconocido. La tesis de don Fernando aún se mantiene, pero ya se ha dado el paso que acabará por arruinarla. Sigamos la trayectoria de este inevitable desenlace.

3. Robertson. *The History of America.*[38]

A. El autor inicia su exposición describiendo el horizonte histórico que sirve de fondo a su tesis. A finales del siglo xv, dice, el gran anhelo de Europa era abrir una comunicación marítima con el remoto Oriente. A esta preocupación general obedece la empresa de Colón. No se trata, pues, de una inexplicable o extravagante ocurrencia, ni de una inspiración divina; es una hazaña del progreso científico del espíritu humano.

B. Situada así la empresa, Robertson pasa a explicar en qué consistió el proyecto de Colón. Pensó, dice, que navegando por el rumbo de occidente no podía menos de encontrar tierra. Pero Colón está en duda acerca de lo que serían las regiones que podía hallar. En efecto, tiene motivos científicos para sospechar que toparía con un continente desconocido; pero por otra parte, tiene razones para creer que iría a dar a playas asiáticas. Colón se inclina más por esta última posibilidad; pero la duda es la esencia misma del proyecto.

C. Cuando Colón obtiene, por fin, los medios para emprender la travesía, Robertson nos lo presenta surcando el océano francamente en pos de Asia, pero siempre con la reserva de que quizá encuentre, atravesado en el camino, el continente que había intuido hipotéticamente.

D. Al hallar tierra, Colón se persuade que ha llegado a Asia y por eso, explica Robertson, fue bautizada con el nombre de Indias. Pero el almirante no ha abandonado la duda inicial. En el segundo viaje sospecha que ha incurrido en un equívoco, que, sin embargo, no logra disipar sino hasta el tercero. Fue entonces cuando supo de fijo que había hallado el desconocido continente que desde un principio pensó que podía descubrir. Colón, pues, es el descubridor de América, porque, al comprobar una de las dos finalidades de la empresa, tuvo plena conciencia de lo que había revelado.[39]

La tesis guarda una obvia semejanza con la anterior; pero la diferencia implica un manifiesto adelanto hacia la crisis definitiva de la vieja solución de don Fernando la cual, sin embargo, todavía subsiste como base para poder atribuir a Colón el descubrimiento de América. En efecto, nótese que Robertson no sólo postula el objetivo asiático como una de dos finalidades de la empresa, sino que aparece como la principal. Pero además, y esto es decisivo, la explica como obvia dentro de las circunstancias históricas. Así, el deseo de Colón por llegar a Asia ya no se admite sólo por la exigencia de dar razón de los datos revelados por Las Casas, sino que se ha convertido en la condición misma para entender el suceso. En este momento, por consiguiente, se opera un cambio diametral respecto a la situación que hizo posible la creencia en el relato del piloto anónimo. Por eso, el propósito de descubrir un continente ignorado, pero intuido por hipótesis científica, pasa a un segundo plano; no por mero arrastre tradicional, sino para los efectos de poder responsabilizar a Colón de un descubrimiento que de otro modo no se sabría a quién atribuirlo.

Estamos en el umbral de un cambio decisivo: la tesis de don Fernando, en que culminó la idea del descubrimiento intencional de América por parte de un Colón consciente de lo que hacía, encontró en Robertson un último baluarte. El próximo e inevitable paso consistirá en el abandono definitivo de esa pretensión, y se planteará, entonces, la dificultad de atribuirle a Colón un acto de cuya índole no tuvo, sin embargo, la menor idea. Se inicia, así, la segunda gran etapa del proceso.

VII

La crisis sobrevino, muy explicablemente, cuando un erudito español, Martín Fernández de Navarrete, divulgó en una colección impresa los principales documentos relativos a los viajes de Colón. Así, en efecto, quedaban superadas las ambigüedades en el relato del padre Las Casas, y se hizo patente, no sólo que Colón había proyectado ir a Asia, (sino que nunca se desengañó de haber realizado ese deseo.) Era inevitable, pues, que el paulatino proceso de develación del objetivo asiático alcanzara su culminación definitiva. Fue el propio Martínez de Navarrete quien, en la Introducción de su obra, puntualizó con nitidez el hecho. Veamos lo que dice.

1. Navarrete. *Colección*.[40]

A. A semejanza de Robertson, la empresa de Colón se explica y justifica como uno de los intentos por satisfacer el anhelo general de abrir una ruta marítima con Asia.

B. Pero a diferencia de Robertson y de todos los anteriores, para Navarrete, el proyecto de Colón no consistió sino en eso. La grandeza de la hazaña, pues, no radica en las ideas que la inspiraron, radica en la osadía de buscar el camino a las Indias por el rumbo de occidente.

C. Por lo tanto, ya nada se dice acerca de la famosa y supuesta hipótesis que habría elaborado Colón respecto a la existencia de una desconocida masa continental.

D. De acuerdo con lo anterior, Navarrete admite que, hasta su muerte, Colón creyó que las tierras exploradas por él pertenecían al Asia; pero al mismo tiempo concluye que, con el hallazgo de 1492, Colón realizó el inesperado y asombroso descubrimiento de América, porque, con admiración universal, dice, dio a conocer un nuevo mundo.[41]

Se ve bien: en esta tesis ya no queda ni el menor rastro del motivo por el cual se venía atribuyendo hasta entonces el descubrimiento a Colón. Ello no obstante, se le sigue atribuyendo. ¿Cómo y por qué? Si, según largamente hemos explicado, se trata de un acto que requiere en el agente conciencia de lo que hace, cómo, entonces, responsabilizar a Colón de quien expresamente se afirma que careció de ella. He aquí el problema constitutivo de esta segunda etapa. Para disipar el enigma vamos a examinar los textos pertinentes.

2. Irving. *Life and Voyages of Columbus.*[42]

A. Una vez más, la empresa queda explicada en términos del anhelo de establecer la comunicación marítima con Asia.

B. Para determinar en qué consistió el proyecto de Colón, Irving examina la tesis de don Fernando. De acuerdo con ella, dice Irving, Colón llegó a concluir que "había tierra no descubierta en la parte occidental del océano; que era accesible; que era fértil, y finalmente, que estaba habitada".[43] Es decir, la famosa hipótesis según la cual Colón habría intuido la existencia de América.

C. Pero a Irving le parece que la argumentación de don Fernando es ambigua y adolece de cierta falla lógica.[44] Por eso, prefiere sacar sus propias conclusiones. Afirma que el argumento decisivo que indujo a Colón fue la idea de que Asia era fácilmente accesible por el occidente.[45] Irving, pues, no conoce más finalidad de la empresa que el objetivo asiático.

D. En el relato de los cuatro viajes, Irving se esmera por mostrar que en todo tiempo Colón estuvo persuadido de haber explorado unas regiones de Asia, y aclara que jamás se desengañó.[46]

E. No obstante manera tan explícita de admitir lo que Colón quiso y creyó hacer, Irving no le concede a la empresa el sentido correspondiente. Desde un principio y a lo largo de todo el libro, la entiende como la manera en que Colón descubrió América.

F. Ahora bien, Irving no aclara por qué motivo la entiende así. Se trata, pues, de una intervención que considera obvia, pero de todos modos conviene tratar de averiguar sus motivos.

G. Pues bien, de un pasaje en uno de los apéndices de la obra,[47] parece que Irving atribuye el descubrimiento a Colón en virtud de haber sido el primero en topar con el continente americano; pero una atenta lectura de la obra no autoriza semejante conclusión. En efecto, sabemos de fijo que Irving no se atiene a la prioridad en el hallazgo físico, puesto que reconoce como probables unas expediciones de los normandos a playas americanas realizadas varios siglos antes. Esas expediciones, piensa, no constituyen, sin embargo, un descubrimiento de América propiamente dicho, porque la revelación que así se obtuvo no trascendió la esfera de los intereses particulares de aquel pueblo, y porque, además, los normandos mismos pronto la echaron en olvido.[48]

H. Irving insinúa, pues, que en la empresa de 1492 concurre un elemento de intencionalidad que no existe en los viajes normandos y que, por otra parte, no radica precisamente en el proyecto que la animó y que opera a pesar del equívoco en que incurrió Colón al pensar que había visitado litorales de Asia. A esa misteriosa intencionalidad se debe, por lo tanto, que se siga manteniendo la idea de que, con el hallazgo realizado en 1492, América fue descubierta.

Tal, en resumen, la tesis de Washington Irving, el primer historiador que narró la empresa admitiendo sin compromisos lo que quiso hacer y lo que pensó Colón. Tal, sin embargo, el misterio que rodea esa tesis. Examinemos el texto que disipará el enigma.

3. Humboldt. *Cosmos.*[49]

A. Este eminente pensador también sitúa la empresa dentro del ambiente y los anhelos de la época en que se llevó a cabo. Pero no se limita a señalar la conexión, sino que ofrece una idea del devenir histórico dentro del cual el acontecimiento queda entrañablemente articulado y sólo respecto al cual cobra su verdadero sentido.

B. En términos generales se trata de la concepción idealista de la historia tan predominante, sobre todo en Alemania, durante la primera mitad del siglo xix. Su premisa fundamental, recuérdese, consiste en creer que la historia, en su esencia, es un progresivo e inexorable desarrollo del espíritu humano en marcha hacia la meta de su libertad conforme a razón. Para Humboldt, esa marcha estriba en los lentos pero seguros avances de los conocimientos científicos que, al ir conquistando la verdad acerca del cosmos, acabarán por entregar al hombre una visión absoluta de la realidad, la base inconmovible para establecer las normas de su conducta futura y de las relaciones sociales.

C. Pero es el hombre por sí solo, y no merced a ninguna intervención divina, quien debe cumplir la finalidad inmanente de la historia y labrarse, así, su propia felicidad. Ahora bien, esto no significa que los individuos tengan necesariamente conciencia de ese supuesto objetivo, ni que abriguen el propósito de alcanzarlo, porque a lo largo de la historia se va realizando con independencia de los anhelos y voliciones personales. Así, pues, lo significativo es, ciertamente, lo que hacen los hombres, pero lo que hacen en cuanto instrumentos de los designios de la historia.

D. Resulta, entonces, que dentro de esa concepción teleológica del devenir humano, es posible responsabilizar a un hombre de un acto cuya significación trasciende el sentido que tiene en virtud de las intenciones con que lo ejecutó, siempre que sean de tal índole que, independientemente de su contenido particularista, estén de acuerdo con los designios de la historia. En efecto, así puede y debe decirse que ese hombre tuvo conciencia del significado trascendental de su acto, no como individuo, pero sí en su carácter de instrumento de las intenciones inmanentes a la marcha histórica.

E. A la luz de estas premisas, Humboldt compara el sentido que, respectivamente, tienen la empresa de Colón y las expediciones normandas del siglo XI. Para ello reconoce, sin reservas, la verdad histórica de esas expediciones y asimismo el hecho de que Colón creyó haber visitado tierras asiáticas en virtud de que ése había sido su objetivo.

F. Desde un punto de vista cronológico, es forzoso concluir que los normandos fueron los descubridores de América y que el viaje de 1492 no fue sino un re-descubrimiento. Pero ésta es una manera superficial y falsa de considerar la cuestión, porque el mero hallazgo físico no es lo significativo. Es necesario examinar el problema a partir de la intencionalidad de ambos actos.

G. Pues bien, así considerados, las expediciones normandas son un hecho casual, porque el hallazgo de tierras americanas se debe a que una nave fue arrojada hacia ellas por una tempestad. El acto responde, pues, al impulso de un ciego fenómeno telúrico indiferente al destino humano, de suerte que, desde el punto de vista de su motivación, no constituye un descubrimiento de América que, por definición, implica un acto intencional.

La empresa de Colón, en cambio, no es un hecho fortuito, porque responde a un proyecto científico que obedece al impulso del trabajo intelectual, larga y penosamente prolongado desde los albores de la humanidad. No es un acto arbitrario e indiferente al destino histórico del hombre, de manera que, por su motivación, sí puede constituir un verdadero descubrimiento.

H. Se advierte que, fiel a su visión, Humboldt cancela como carentes de sentido los propósitos y creencias personales de Colón; y si el acto realizado por él parece intencional y no fortuito, es porque lo considera, no como individuo, sino como instrumento de los designios de la historia.

I. Pero aunque estas consideraciones bastan para explicar por qué no es posible atribuir a los normandos el descubrimiento de América, no aclaran por sí solas el sentido concreto que tiene la empresa de Colón como descubrimiento, ni cómo puede responsabilizarse en su persona. En efecto, si sabemos que no se trata de un acto fortuito, no sabemos aún en qué consiste, ni cómo cumple Colón con su papel de instrumento de los designios de la historia, única base para concederle el título de descubridor.

J. Pues bien, lo que hace que la empresa colombina sea el acto significativo que se conoce como el descubrimiento de América, es que en esa empresa se realizó uno de esos avances de los conocimientos científicos en que estriba, según vimos, la esencia misma de la marcha del hombre hacia su destino histórico. En efecto, fue así como se entregó a la contemplación de los sabios, vicarios de los intereses de la humanidad, una porción desconocida del globo terrestre, abriendo así la posibilidad de completar, con el estudio de las regiones tropicales de América, la visión científica de la parte del cosmos que es directamente asequible a la observación. Con este enriquecimiento, tan largamente esperado, el progreso del espíritu humano pudo pronto alcanzar su primera culminación, porque fue ya posible sentar las bases inconmovibles de conocimientos absolutos; las bases, en suma, de la nueva revelación, "la ciencia del cosmos", de la que Alejandro von Humboldt es el evangelista y supremo pontífice.

K. Pero si en eso estriba el descubrimiento de América, ¿cómo responsabilizar a Colón de tan alta hazaña? ¿Puede, realmente, atribuírsele? Humboldt responde por la afirmativa. No es, explica, que Colón haya sido un sabio, ni siquiera un mediano hombre de ciencia, aunque poseía un espíritu inquieto que lo distingue mucho de un vulgar aventurero, sólo atento a su provecho. No, la razón decisiva es que Colón fue sensible a la belleza del mundo tropical y supo anunciar la buena nueva de la existencia de tales regiones. Jamás se cansa de contemplarlas y gozarse en ellas y en sus escritos se esfuerza por contagiar el entusiasmo que le provocan. Por eso, pese a su tosco lenguaje, se alza sobre Camoens y otros poetas de su día, anclados aún en las ficciones literarias de una supuesta naturaleza arcaica y artificiosa; por eso, también, es Colón el descubridor de América. En efecto, el poético vuelo de su entusiasmo fue la vía adecuada para noticiar a Europa, donde posaba el espíritu de la historia, la apertura de ese nuevo campo de observación en que, en definitiva, consiste el acto descubridor. Fue así, entonces, como Colón desempeñó cumplida y plenamente su papel de portavoz de los intereses de la humanidad y de instrumento de las intenciones de la historia.

L. Nada de esto concurre en el caso de las expediciones de los normandos. Beneficiarios de un hallazgo fortuito, no supieron sino fundar unos establecimientos comerciales que, por otra parte, resultaron precarios. Además, como las regiones septentrionales exploradas por ellos no ofrecían un nuevo espectáculo de la naturaleza, si acaso la noticia del hallazgo traspasó el estrecho círculo de los pueblos para quienes era familiar, no pudo tener ninguna significación verdadera. No hubo, pues, un descubrimiento propiamente dicho.[50]

He aquí despejado el enigma que rodeaba la tesis de Irving;[51] he aquí la solución que corresponde a la segunda etapa del proceso. Ya se ve: a pesar de la amenaza que significó el reconocimiento pleno de los propósitos de Colón y de su idea de haber explorado regiones de Asia, se pudo satisfacer la exigencia de mantener a flote la vieja interpretación de la empresa de 1492 y se logró resolver el problema de atribuirle a Colón el acto del descubrimiento. Para ello, fue necesario recurrir al arbitrio filosófico de postular, por encima de las intenciones individuales, una intencionalidad inmanente a la historia que, en la esfera laica, es la contrapartida de los designios divinos del providencialismo cristiano de la tesis del padre Las Casas. Pero esta vez, semejante arbitrio produjo el efecto contrario, porque en lugar de delatar como verdad histórica los propósitos personales de Colón y su creencia de haberlos realizado, los canceló como históricamente inoperantes. Fue así, por lo tanto, cómo por segunda vez, bien que de un modo más sutil se ocultó el objetivo asiático de la empresa y la convicción que tuvo Colón de haber explorado regiones de Asia, ocultación necesaria, como sabemos, para poder atribuirle el descubrimiento de América.

Con la tesis teleológica que hemos examinado el proceso se replegó a su segunda trinchera, y ahora sólo nos falta ver cómo sobrevino la crisis final cuando, en virtud de la disolución del dogma idealista, fue preciso renunciar a su amparo. Se intentará, lo veremos en seguida, un último recurso por mantener la idea del descubrimiento de América, pero un recurso que no sirve, en definitiva, sino para poner de manifiesto el absurdo que implica semejante manera de explicar la aparición de ese ente.

VIII

Mientras se pudo creer, con el idealismo, que la historia era un proceso en que fatalmente se iban cumpliendo, para decirlo en términos de Kant,[52] las intenciones de la Naturaleza, situadas más allá de la esfera de los propósitos y voliciones individuales, el viaje de Colón pudo seguir entendiéndose

como el descubrimiento de América a la manera en que lo
concibió Alejandro von Humboldt. Pero cuando aquella persuasión filosófica o mejor dicho, cuasi religiosa, entró en
crisis después de haber alcanzado su cúspide, los historiadores, aunque los primeros rebeldes, poco supieron hasta qué
grado quedaban desamparados y expuestos. En seguimiento
de las orientaciones marcadas por el positivismo científico, la
verdad histórica debería repudiar el ilusorio auxilio de todo
apriorismo metafísico por empíricamente incomprobable y
atenerse, en cambio, a la observación de los fenómenos para
poder reconstruir, según la célebre fórmula de Ranke, lo que
"en realidad aconteció". Quiere decir esto que los historiadores se comprometieron a reconocer, como fuente del sentido de los sucesos históricos, los propósitos y convicciones
personales de los individuos que participaron en ellos. Diría-
se, entonces, que, por fin, le había llegado a la empresa de
Colón la hora de que se la comprendiera con el sentido que
tuvo para él. Pero lo cierto es que a pesar de las nuevas exigencias metodológicas y de las muchas investigaciones que
enriquecieron la historiografía colombina desde finales del
siglo xix, se mantuvo la interpretación tradicional en la uná-
nime creencia de que Colón había descubierto América cuando, en 1492, encontró una isla que creyó pertenecer a un
archipiélago adyacente al Japón.

Para hacernos cargo de qué manera se sostuvo esa vieja
idea, conviene, ante todo, puntualizar la tesis respectiva, a
cuyo efecto vamos a emplear el texto que, entre otros posibles, parece representativo, tanto por su fecha reciente, como
por el aplauso con que ha sido recibido y por la seriedad y
prestigio científico de su autor.

Morison. *Admiral of the Ocean Sea.*[53]

A. Como ya es de rutina, la empresa se ubica en el ambiente de la época y en particular se relaciona con el deseo
común que había por establecer la comunicación marítima
con las regiones extremas orientales de Asia.

B. La idea central que animó a Colón, dice Morison, fue

realizar ese anhelo, pero eligiendo la ruta del poniente. Semejante proyecto nada tenía de novedoso. Lo extraordinario en el caso de Colón no fue, pues, la ocurrencia, sino el haberse convencido de que era factible y la decisión de realizarla. Morison, por consiguiente, admite como finalidad única de la empresa el objetivo asiático.[54]

C. En la narración de los cuatro viajes, el autor reconstruye minuciosamente los itinerarios y se esmera por identificar en el mapa actual de América los lugares visitados por Colón.

D. Morison se empeña, además, en mostrar que, en medio de las más variadas conjeturas de detalle, Colón siempre estuvo convencido de que había llegado a Asia desde la primera vez que halló tierra en 1492.[55]

E. Ahora bien, a pesar de un reconocimiento tan expreso de las intenciones personales de Colón y de su opinión acerca de lo que había hecho, Morison no duda siquiera de que, en verdad, lo que realmente hizo el Almirante fue descubrir a América. Pero ¿cómo, por qué?

F. Explica, en un pasaje decisivo, que puesto que Colón no tuvo jamás el propósito de encontrar al continente americano, ni abrigó sospecha de que existía, la verdad es que descubrió a América enteramente por accidente, por casualidad.[56]

He aquí, pues, la respuesta que corresponde a la tercera etapa del proceso, la tesis del descubrimiento casual que hoy se enseña y se venera como la verdad y que sirvió de punto de partida a esta investigación. Con ella, por lo tanto, termina la reconstrucción histórica que nos propusimos hacer, y ahora vamos a examinar esa tesis para ver si implica o no un absurdo, según anticipamos.

IX

Puesto que se trata de poner a prueba una interpretación es conveniente, ante todo, tener una idea clara de lo que significa eso.

Pues bien, lo esencial al respecto consiste en reconocer que

cualquier acto, si se le considera en sí mismo, es un acontecimiento que carece de sentido, un acontecimiento del que,
por lo tanto, no podemos afirmar lo que es, es decir, un acontecimiento sin ser determinado. Para que lo tenga, para que
podamos afirmar lo que es, es necesario postularle una intención o propósito. En el momento que hacemos eso, en efecto, el acto cobra sentido y podemos decir lo que es; le concedemos un ser entre otros posibles. A esto se llama una
interpretación, de suerte que podemos concluir que interpretar un acto es dotarlo de un ser al postularle una intención.

Pongamos un ejemplo. Vemos a un hombre salir de su
casa y dirigirse al bosque cercano. Ése es el acto considerado
en sí mismo como un puro acontecimiento. Pero ¿qué es ese
acto? Obviamente puede ser muchas cosas distintas: un pa-
seo, una huida, un reconocimiento llevado a cabo con fines
lucrativos, una exploración científica, el inicio de un largo
viaje o, en fin, tantas otras cosas cuantas puedan imaginar-
se, siempre de acuerdo con la intención que se suponga en
aquel hombre.

Esto parece claro y no hay necesidad de insistir en ello.
Pero es necesario, en cambio, ver que esta posibilidad que
tenemos de dotar de ser a un acto al interpretarlo tiene un
límite. En efecto, la intención que se suponga debe atribuirse a un agente, no necesariamente capaz de realizarla por sí
mismo, puesto que puede valerse de otro, pero sí necesariamente capaz de tener intenciones, porque de lo contrario se
incurrirá en un absurdo. Así, hay muchos entes a quienes
podemos concebir y de hecho se han concebido como capaces de voliciones y de realizarlas por sí mismos, como son
Dios, los ángeles, los hombres, los espíritus de ultratumba
y aun los animales, y otros como capaces de lo primero, pero
no de lo segundo, como son ciertas entidades metafísicas, la
Naturaleza o la Historia Universal, según la han entendido
y entienden algunas doctrinas filosóficas. Pero lo que ya no
se puede concebir de ese modo son los entes inanimados
como las figuras geométricas, los números o los objetivos materiales, un triángulo, una mesa, el Sol o el mar, pongamos
por caso. Si lo hacemos o es metafóricamente, como cuando

se dice que el mar no quiso que España invadiera a Inglaterra, o bien nos hemos salido de quicio.

Esto nos enseña que, en el límite, la interpretación de un acto puede admitirse aun cuando el agente que lo realiza sea incapaz de tener intenciones, con tal de que el propósito que le concede sentido al acto proceda de un ente capaz de tenerlas; pero que será absurda en el caso contrario, aun cuando el agente que lo realiza tenga, él, esa capacidad.

Examinemos ahora, a la luz de estas consideraciones el proceso de la historia de la idea del descubrimiento de América, puesto que se trata, precisamente, de tres maneras distintas de interpretar un mismo acto, a saber: el viaje de Colón de 1492.

Primera etapa del proceso: La interpretación consiste en afirmar que Colón mostró que las tierras que halló en 1492 eran un continente desconocido, porque con esa intención realizó el viaje (*supra*, Apartado IV).

En este caso se trata de una interpretación admisible, porque la intención que le concede al acto interpretado el sentido de ser una empresa descubridora se radica en una persona, o sea en un ente capaz de tenerla y de realizarla. Pero ya sabemos que esta tesis tuvo que abandonarse, porque su fundamento empírico resultó documentalmente insostenible.

Segunda etapa del proceso. La interpretación consiste en afirmar que Colón mostró que las tierras que halló en 1492 eran un continente desconocido, porque si es cierto que ésa no fue la intención con que realizó el viaje, ni tuvo idea de lo que había hecho, al ejecutar su acto cumplió la intención de la Historia de que el hombre conociera la existencia de dicho continente (*supra*, Apartado VII).

En este segundo caso la interpretación todavía es admisible, porque la intención que le concede sentido al acto interpretado de ser una empresa descubridora se radica en el acto mismo, es decir, se concibe como inmanente a la Historia, entidad que puede concebirse como capaz de tener intenciones, aunque no de realizarlas por sí misma, de suerte que se vale de Colón como un instrumento para ese efecto. Pero ya sabemos que esta tesis también tuvo que abandonarse, no ya por deficiencia de fundamento empírico, como en el caso anterior, sino porque su premisa teórica resultó insostenible.

Tercera etapa del proceso. La interpretación consiste en afirmar que Colón mostró que las tierras que halló en 1492 eran un continente desconocido, puramente por casualidad, es decir sin que medie ninguna intención al respecto (*supra*, Apartado VIII).

En este caso es obvio que, desde el punto de vista de los requisitos de una interpretación, la tesis ofrece una seria dificultad, porque no obstante que se niega la intención, se le sigue concediendo al acto el mismo sentido de las tesis anteriores. Ahora bien, como esto es imposible, porque sin aquel requisito el acto no podría tener el sentido que se le concede, es forzoso suponer que la intención existe a pesar de que se niega, y el problema, entonces, presenta un doble aspecto: primero, cómo conciliar esa constradicción, y segundo, averiguar dónde existe esa intención que ha sido necesario suponer para que el acto pueda tener el sentido que se le concede.

La contradicción puede evitarse si tenemos presente que no es necesario que el agente que realiza el acto sea quien tenga la intención que le concede su sentido, porque ya sabemos que puede obrar como mero instrumento de un designio que no sea el suyo personal. En efecto, de ese modo Colón habría revelado, sin intención de hacerlo, el ser de las tierras que halló, cumpliendo un propósito ajeno, de manera que, desde el punto de vista de Colón, sería legítimo afirmar, como lo hace la tesis, que el acto no fue intencional, aunque en realidad tenga que serlo. En otras palabras, sólo suponiendo que Colón obró como instrumento de una intención diversa a la suya se evita la contradicción que indicamos y la tesis queda a salvo por este motivo.

Pero ¿dónde radica, entonces, esa oculta intención que le da el sentido de descubrimiento al viaje de 1492? La respuesta, por extraño que parezca, no admite duda. En efecto, como todo acto sólo ofrece al respecto tres posibilidades, a saber: el sujeto del acto, el acto mismo y el objeto del acto, y como, en el caso, ya se ensayaron y descartaron las dos primeras, es obligado concluir que, en esta tercera etapa, la intención quedó radicada como inmanente a la cosa que se dice fue descubierta. Mas, si esto es así, la tesis incurre en absurdo, porque ha rebasado el límite admisible a cualquier interpretación, puesto que el continente americano no es, obviamente, algo capaz de tener intenciones.

Tal, por consiguiente, el secreto y el absurdo de esta tesis, y en verdad, conociéndolo, se aclara lo que desde un principio nos parecía tan sospechoso, o sea que se pueda responsabilizar a un hombre de algo que expresamente se admite que no hizo. En efecto, a poco que se reflexione advertimos que cuando se afirma que Colón descubrió por casualidad al continente americano por haber topado con unas tierras que creyó eran asiáticas, es decir, cuando se nos pide que aceptemos que Colón reveló el ser de unas tierras distinto al ser que él les atribuyó, lo que en realidad se nos está pidiendo es que aceptemos que esas tierras revelaron su secreto y escondido ser cuando Colón topó con ellas, pues de otro modo no se entiende cómo pudo acontecer la revelación que se dice aconteció.

El absurdo de esta tesis se hace patente en el momento en que sacamos la necesaria consecuencia, porque ahora vemos que la idea del descubrimiento casual del continente americano, no sólo cancela como inoperantes los propósitos y opiniones personales de Colón, sino que lo convierte en el dócil y ciego instrumento, ya no de unos supuestos designios del progreso histórico, sino de unas supuestas intenciones inmanentes a una cosa meramente física. Pero está claro que al admitir esto hemos puesto de cabeza la historia y privado al hombre hasta de la ya problemática libertad que le concedía el idealismo. En efecto, ahora, en lugar de concebir la historia como el resultado de las decisiones circunstanciales tomadas por los hombres y realizadas por ellos, se concibe como el resultado de unos propósitos inmanentes a las cosas, ciega y fatalmente cumplidos por los hombres. Así, el hombre ya no es el siervo del devenir histórico, concebido como un proceso de orden racional, según acontece con el idealismo —lo que ya es bastante grave— sino que ahora es el esclavo de no se sabe qué proceso mecánico de los entes materiales inanimados.[57]

X

El análisis de la historia de la idea del descubrimiento de América nos ha mostrado que estamos en presencia de un proceso interpretativo que, al agotar sucesivamente sus tres únicas posibilidades lógicas, desemboca fatalmente en el absurdo. Esa historia constituye, pues, una *reductio ab absurdum*, de tal suerte que ella misma es el mejor argumento para refutar de manera definitiva aquel modo de querer explicar la aparición de América en el ámbito de la Cultura de Occidente. Ahora procede sacar las consecuencias, pero antes es necesario examinar un último problema, tanto más cuanto que así se nos brinda la ocasión de penetrar hasta la raíz misma del mal que aqueja todo el proceso.

En efecto, parece claro que nuestras meditaciones quedarían incompletas si no damos razón de las tres cuestiones fundamentales que se deducen de ellas. *Primero, a qué se debe la idea de que América fue descubierta, es decir, cuál es la condición de posibilidad de la interpretación misma. Segunda, cómo explicar la insistencia en mantener dicha interpretación en contra de la evidencia empírica, es decir, por qué no se abandonó a partir del momento en que se hicieron patentes los verdaderos propósitos y las opiniones de Colón. Tercera, cómo es posible suponer un absurdo tan flagrante como el que implica la tesis final del proceso, es decir, de qué manera puede concebirse en el continente americano la intención de revelar su ser. En una palabra, es necesario mostrar con el examen de estas tres cuestiones quién es el villano detrás de toda esta historia. *

Pues bien, es obvio que no vamos a incurrir en la ingenuidad de pretender que el mal proviene de alguna deficiencia mental de los historiadores que se han encargado del desarrollo del proceso, ni tampoco de alguna diabólica maquinación que los hubiere obnubilado y descarriado. Proviene, eso sí, de un previo supuesto en su modo de pensar que, como apriorismo fundamental, condiciona todos sus razonamientos y que ha sido, desde los griegos por lo menos, una de las bases del pensamiento filosófico de Occidente. Aludimos, ya se habrá adivinado, a la viejísima y venerable idea de que las cosas son, ellas, algo en sí mismas, algo *per se*; que las cosas están ya hechas de acuerdo con un único tipo posible, o para decirlo más técnicamente: que las cosas están dotadas desde siempre, para cualquier sujeto y en cualquier lugar de un ser fijo, predeterminado e inalterable.

Según esta manera de comprender la realidad, lo que se piense en un momento dado que *es* una cosa, un existente, es lo que ha sido desde siempre y lo que siempre será sin remedio; algo definitivamente estructurado y hecho sin que haya posibilidad alguna de dejar de ser lo que es para ser algo distinto. El ser —no la existencia, nótese bien— de las cosas sería, pues, algo substancial, algo misteriosa y entrañablemente alojado en las cosas; su naturaleza misma, es decir aquello que hace que las cosas sean lo que son. Así, por ejemplo, el Sol y la Luna serían respectivamente, una estrella y un satélite porque el uno participa en la naturaleza que hace que las estrellas sean eso y la otra, en la naturaleza que hace que los satélites sean satélites, de tal suerte que desde que existen, el Sol es una estrella y la Luna un satélite y así hasta que desaparezcan.

Ahora bien, la gran revolución científica y filosófica de nuestros días nos ha enseñado que esa antigua manera substancialista de concebir la realidad es insostenible, porque se ha llegado a comprender que el ser —no la existencia— de las cosas no es sino el sentido o significación que se les atribuye dentro del amplio marco de la imagen de la realidad vigente en un momento dado. En otras palabras, que el ser de las cosas no es algo que ellas tengan de por sí, sino algo que se les concede u otorga.

Una exposición más completa de esta gran revolución filosófica y sus consecuencias respecto a la manera de concebir al hombre y su mundo nos alejaría demasiado de nuestro inmediato propósito, pero nos persuadimos que, para este efecto, bastará volver sobre el ejemplo que acabamos de emplear. Pues bien, si nos situamos históricamente en la época de vigencia científica del sistema geocéntrico del Universo, el Sol y la Luna no son, como lo son para el sistema heliocéntrico, una estrella y un satélite, sino que son dos planetas, bien que en uno y otro caso, ambos son cuerpos celestes, los cuales, sin embargo, para una concepción mítica del Universo, no son tampoco eso, sino dioses o espíritus. Ya se ve: el ser de esos dos existentes, de esos dos trozos de materia cósmica, no es nada que les pertenezca entrañablemente, ni nada que esté alojado en ellos, sino, pura y simplemente, el sentido que se les atribuye de acuerdo con la idea que se tenga como verdadera acerca de la realidad, y por eso, el Sol y la Luna han sido sucesivamente dioses, planetas y ahora estrella y satélite, respectivamente, sin que sea legítimo concluir que la dotación de un ser a una cosa en referencia a una determinada imagen de la realidad sea un "error"; sólo porque esa imagen ya no sea la vigente. Por lo contrario, es obvio que el error consiste en atribuir al Sol y a la Luna, para seguir con el mismo ejemplo, el ser de estrella y de satélite, respectivamente, si se está considerando una época de vigencia del sistema geocéntrico del Universo, como sería error considerarlos ahora como dos planetas.

Hechas estas aclaraciones, la respuesta al problema que hemos planteado es ya transparente: el mal que está en la raíz de todo el proceso histórico de la idea del descubrimiento de América, consiste en que se ha supuesto que ese trozo de materia cósmica que ahora conocemos como el continente americano ha sido eso desde siempre, cuando en realidad no lo ha sido sino a partir del momento en que se le concedió esa significación, y dejará de serlo el día en que, por algún cambio en la actual concepción del mundo, ya no se le conceda. En efecto, ahora podemos ver con claridad por qué ha sido necesario, no sólo concebir la aparición de América como el resultado de un descubrimiento y por qué se ha insistido en ello a pesar de las dificultades que presenta esa explicación desde el punto de vista de la hermenéutica histórica, sino cómo es posible incurrir en el absurdo de radicar la intención que requiere el acto descubridor en la cosa que se dice fue descubierta. Examinemos por separado estos tres aspectos del problema.

1) Si se supone que el trozo de materia cósmica que hoy conocemos como el continente americano ha sido eso desde siempre, o mejor dicho, si se supone que es eso en sí o de suyo, entonces es claro que un acto que se limita a mostrar la existencia de ese trozo de materia tiene que concebirse como la revelación o descubrimiento de su ser, por la sencilla razón de que la existencia y el ser de ese ente han quedado identificados en aquella suposición. Se trata, pues, de un ente que, como una caja que contuviera un tesoro, aloja un ser "descubrible" de suerte que su revelación tiene que explicarse como el resultado de un descubrimiento.

2) Pero, además, si se supone que ese trozo de materia está dotado de un ser "descubrible", entonces, no sólo es necesario entender su revelación como el resultado de un descubrimiento, sino que es forzoso suponer que se realiza por el mero contacto físico con la cosa y, por lo tanto, con independencia de las ideas que respecto a ella tenga el "descubridor", por la sencilla razón de que lo que piensa él o cualquiera sobre el particular no puede afectar en nada a aquel ser predeterminado e inalterable. De este modo tenemos, entonces, no sólo la suposición de que se trata de una cosa en sí, dotada, por eso, de un ser descubrible, sino que, congruentemente, tenemos la suposición de que el acto que lo revela es también un acontecimiento en sí, dotado, por eso, de un sentido predeterminado, puesto que sean cuales fueren las intenciones y opiniones de quien lo lleva a cabo, ese acto tiene que ser el descubrimiento de aquel ser descubrible. Y así entendemos, por fin, lo que de otro modo no tiene explicación plausible, o sea la insensata insistencia en mantener que el verdadero sentido del viaje de Colón de 1492 fue que por él se descubrió el continente americano, a pesar de que muy pronto se divulgó por todos los medios posibles que lo que él, Colón, verdaderamente hizo fue algo muy distinto.

3) Por último, si se supone que el descubrimiento del ser

de la cosa se cumple por el mero contacto físico con ella, entonces, no sólo es necesario entender que la revelación se realiza con independencia de las intenciones personales del agente, sino que es forzoso suponer también que, inmanente a ella, la cosa tiene la capacidad o, por decirlo así, la intención de revelar su ser, por la sencilla razón que de otra manera no se explica cómo pudo llevarse a cabo el descubrimiento. De este modo tenemos, entonces, no sólo la suposición de que el descubrimiento es un acto en sí, dotado, por eso, de un sentido o ser predeterminado, sino que, congruentemente, tenemos la suposición de que la cosa misma es la que tiene la intención que le concede al acto dicho sentido. Y en efecto, así entendemos cómo es posible incurrir en el absurdo de que fue el continente americano el que tuvo el designio de descubrirse a sí mismo en el momento en que Colón entró en contacto físico con él, porque si en lugar de pensar que a ese trozo de materia se le concedió ese ser en un momento dado para explicarlo dentro de una determinada imagen geográfica, pensamos que lo tiene desde siempre como algo entrañablemente suyo e independientemente de nosotros, le hemos concedido, *ipso facto*, la capacidad de que nos imponga ese ser el entrar en relación o contacto con él, imposición que es como la de una voluntad o intención a la que es forzoso plegarnos, puesto que no estamos en libertad frente a él. Y así es, pues, como resulta posible que se incurra en el absurdo que hemos encontrado en el fondo de la tesis del descubrimiento casual de América. No son, por consiguiente, puramente accidentales las metáforas que suelen emplear los historiadores cuando, emocionados, describen el famoso episodio del 12 de octubre de 1492 en cuanto que en ellas se hace patente el absurdo de la tesis. Y así vemos a Morison, por ejemplo, relatar aquel suceso para terminar diciendo que "nunca más podrán los mortales hombres abrigar la esperanza de sentir de nuevo el pasmo, el asombro, el encanto de aquellos días de octubre de 1492, cuando el Nuevo Mundo cedió graciosamente su virginidad a los victoriosos castellanos".[58] Bien, pero ¿qué otra cosa delata este estupro metafísico sino la idea de que, ya plenamente constituido en su ser, allí estaba el continente americano en secular y paciente disposición de revelarse al primero que, como en un cuento de hadas, viniera a tocarlo?

Quisiera terminar este apartado con una anécdota que quizá sirva para aclarar las cosas. Al concluir una conferencia en que acababa de exponer todas estas ideas, me abordó uno de los asistentes y me dijo: "Quiere usted decir en serio que no es posible que un hombre descubra por accidente un pedazo de oro, pongamos por caso, sin que sea necesario suponer, para que esto acontezca, que ese pedazo de oro estaba allí dispuesto o deseando que lo vinieran a descubrir."

"La respuesta —le dije— se la dejo a usted mismo; pero antes reflexione un poco y advertirá que si ese hombre no tiene una idea previa de ese metal que llamamos oro para poder, así, concederle al trozo de materia que encuentra accidentalmente el sentido que tiene esa idea, es absolutamente imposible que haga el descubrimiento que usted le atribuye. Y ése, añadí, es precisamente el caso de Colón."

XI

Ha llegado el momento de responder a la pregunta que sirvió de punto de partida a esta investigación y de sacar las consecuencias que se derivan de ella.

Preguntamos, recuérdese, si la idea de que el continente americano fue descubierto era o no aceptable como modo satisfactorio de explicar la aparición de dicho continente en el ámbito de la Cultura de Occidente. Ahora ya podemos contestar con pleno conocimiento de causa, que no es satisfactoria, porque sabemos que se trata de una interpretación que no logra dar cuenta adecuada de la realidad que interpreta, puesto que ella misma se reduce al absurdo cuando alcanza la situación límite de sus posibilidades lógicas. Pero como sabemos, además, que la causa de ese absurdo es la noción substancialista acerca de América como una cosa en sí, vamos a concluir que es forzoso desechar, tanto esa vieja noción, como la interpretación que procede de ella, a fin de poder quedar en libertad de buscar un modo más adecuado de explicar el fenómeno.

Ahora bien, al alcanzar esta necesaria y revolucionaria conclusión, se habrá advertido que hemos puesto en crisis de sus fundamentos a la totalidad de la historiografía americana, según se ha venido concibiendo y elaborando hasta ahora. La razón es obvia: la noción tradicional acerca de América como una cosa en sí, y la idea no menos tradicional de que, por eso, se trata de un ente cuyo ser es descubrible que de hecho fue descubierto, constituyen la premisa ontológica y la premisa hermenéutica, respectivamente, de donde depende la verdad que elabora aquella historiografía. Y en efecto, no es difícil ver que si se deja de concebir a América como algo definitivamente hecho desde siempre que, milagrosamente, reveló un buen día su escondido, ignoto e imprevisible ser a un mundo atónito, entonces, el acontecimiento que así se interpreta (el hallazgo por Colón de unas regiones oceánicas desconocidas) cobrará un sentido enteramente distinto y también, claro está, la larga serie de sucesos que le siguieron. Y así, todos esos hechos que ahora conocemos como la exploración, la conquista y la colonización de América; el establecimiento de regímenes coloniales en toda la diversidad y complejidad de sus estructuras y de sus manifestaciones; la paulatina formación de las nacionalidades; los movimientos en pro de la independencia política y de la autonomía económica; en una palabra, la gran suma total de la historia americana, latina y sajona, se revestirá de una nueva y sorprendente significación. Se verá, entonces, ante todo, que el problema central de su verdad es el concerniente al ser de América, no ya concebido como esa substancia inalterable y predeterminada que ahora inconscientemente se postula *a priori*, sino como el resultado de un proceso histórico peculiar y propio, pero entrañablemente vinculado al proceso del acontecer universal. Porque, así, los acontecimientos no aparecerán ya como algo externo y accidental que en nada pueden alterar la supuesta esencia de una América ya hecha desde la Creación, sino como algo interno que va constituyendo su ser, ondeante, movible y perecedero como el ser de todo lo que es vida; y su historia ya no será eso que "le ha pasado" a América, sino eso que "ha sido, es y va siendo".

De estas consideraciones se desprende que el resultado de nuestro análisis representa, por el lado negativo, la bancarrota y desmonte de la vieja concepción esencialista de la historia americana; pero, por el lado positivo, significa la apertura de una vía para alcanzar una visión acerca de ella, dinámica y viva. Pero si esto es así, si ante nuestros ojos se despliega esa posibilidad, lo primero y lo que siempre hay que tener presente es que ya no contamos, ni debemos contar nunca con una idea *a priori* de lo que es América, puesto que esa noción es una resultante de la investigación histórica y no, como es habitual suponer, una premisa lógicamente anterior a ella. Esto quiere decir, entonces, que estamos avocados a intentar un proceso diametralmente inverso al tradicional si pretendemos abordar el gran problema histórico americano, o sea, aclarar cómo surgió la idea de América en la conciencia de la Cultura de Occidente. En efecto, en lugar de partir de una idea preconcebida acerca de América para tratar de explicar —ya vimos a qué precio— cómo descubrió Colón el ser de ese ente, debemos partir de lo que hizo Colón para explicar cómo se llegó a concederle ese ser. Y si el lector ha tenido la paciencia de seguirnos hasta aquí con suficiente atención, advertirá que, desde el punto de vista del proceso cuya historia hemos reconstruido, este nuevo camino no es sino el de aceptar plenamente el sentido histórico de la empresa de Colón tal como se deduce de sus intenciones personales, en lugar de cancelar su significado como se hizo en las dos últimas etapas de aquel proceso. Resulta, entonces, si se quiere, que nuestro intento puede considerarse como una etapa subsiguiente del mismo desarrollo, pero una etapa que, comprendiendo la crisis a que conduce el insensato empeño de mantener la idea del descubrimiento de América, lo abandona en busca de un nuevo concepto que aprehenda de un modo más adecuado la realidad de los hechos. Y ese concepto, podemos anticiparlo, es el de una América inventada, que no ya el de la vieja noción de una América descubierta.

SEGUNDA PARTE

EL HORIZONTE CULTURAL

...el mundo nuestro es invento, creación, improvisación, ocurrencias geniales, aventura, éxito.

JUAN DAVID GARCÍA VACA. *Antropología filosófica contemporánea*, 1957.

I

LA NOCIÓN que nos permitió penetrar hasta la raíz del mal que aqueja a la tesis del descubrimiento de América fue la de que, ni las cosas, ni los sucesos son algo en sí mismos, sino que su ser depende del sentido que se les conceda dentro del marco de referencia de la imagen que se tenga acerca de la realidad en ese momento. Esto quedó bien ilustrado con el ejemplo del distinto ser de que han sido dotados el Sol y la Luna según las exigencias de la visión mítica, geocéntrica o heliocéntrica del universo, respectivamente.[1] Ahora bien, como la tarea que nos hemos impuesto consiste en ver por qué, cuándo y cómo se concedió el ser o sentido de continente americano al conjunto de las regiones cuya existencia empezó a mostrar Colón en 1492, es obvio que no podemos desempeñarla como es debido si no nos hacemos cargo antes de la imagen de la realidad que sirvió de campo de significación a aquel acontecimiento. Pero a este respecto es importante comprender que dicha imagen no representa una visión estática arbitraria o errónea, como suele pensarse, sino el estadio que había alcanzado a finales del siglo XV el proceso multisecular de los esfuerzos que venía desplegando el hombre de Occidente por entender su sitio y su papel en el cosmos. Es así, entonces, que al proyectar el proceso de la invención de América sobre el fondo de su propio horizonte cultural, no sólo se explicará la aparición de ese ente, sino que ese suceso se ofrecerá como un nuevo paso —quizá el más decisivo— de aquel antiquísimo proceso. Se advierte, entonces, que el tema americano que aquí vamos a examinar desborda sus inmediatas limitaciones, porque, así visto, que-

[57]

dará vinculado al amplio curso del devenir de la historia universal. Pasemos, pues, a describir en sus rasgos esenciales el gran escenario en que se desarrolló tan prodigiosa aventura.

II

El universo

El concepto fundamental para entender a fondo la imagen que se tenía del universo en tiempos de Colón es el de haber sido creado *ex nihilo* por Dios.

En efecto, puesto que tal era su origen, se le atribuyen las siguientes notas distintivas: es finito, puesto que de otro modo se confundiría con Dios; es perfecto, puesto que es obra de Dios; como perfecto que es, todo en él está ya hecho de manera inalterable y de acuerdo con un modelo arquetípico y único, y finalmente, el universo es de Dios y para Dios, puesto que lo creó por su bondad infinita, pero en testimonio de su omnipotencia y gloria. Nada, pues, en el universo le pertenece al hombre, ni siquiera la porción que habita y será sacrílego todo intento que vulnere esa soberanía divina.

Esa manera de concebir la realidad universal se tradujo en una imagen que, en tiempos de Colón, no es sino la correspondiente al antiguo sistema geocéntrico, porque ya para entonces se había abandonado definitivamente la noción patrística de la Tierra como superficie plana.[2]

Recordemos, entonces, aquella arcaica imagen con los acomodos que le hizo el Cristianismo de acuerdo con sus exigencias teológicas. El universo afectaba la forma de una inmensa esfera en el espacio, finita, por consiguiente, pero también finita en el tiempo, puesto que había tenido comienzo. En el orden meramente físico, esa esfera contenía dos zonas concéntricas que no sólo se diferenciaban en tamaño, sino en índole o naturaleza.[3] La primera y más alejada del centro era la zona celeste que contenía, a su vez, las órbitas del empíreo, del primer motor, del cristalino, del firmamento o sea la de las estrellas fijas y finalmente, las de los siete planetas entre los que se contaban el Sol y la Luna. Más allá del empíreo se hallaba la zona espiritual que contenía las órbitas de los bienaventurados y de las jerarquías angélicas, e inmediatamente abajo de la órbita de la Luna empezaba la segunda zona. En la primera, la celeste, no existía el fenómeno de la corrupción y únicamente se veía afectada por el movimiento circular, el menos imperfecto entre todas las modalidades del cambio. La segunda zona, la sublunar, contenía los cuatro elementos de la materia: el fuego, el aire, el agua y la tierra, en ese orden. Esos elementos o esencias, en combinación con sus cualidades intrínsecas, formaban todos los cuerpos sensibles o materiales, y era en esa zona, por consiguiente, donde reinaba la corrupción y las demás modalidades del cambio o movimiento. En ella, pues, se generaban todos los entes vivos corporales destinados a perecer.

Es de interés recordar en mayor detalle la estructura de esa zona de la corrupción o zona elemental, como también se le llamaba. Al igual que la zona celeste, se dividía en órbitas concéntricas, pero sólo en cuatro por ser ése el número de los elementos. En la primera, la más alejada del centro y contigua a la órbita de la Luna, predominaba el elemento fuego, el más ligero. En la segunda órbita predominaba el elemento aire; en la tercera, el de agua, y en la cuarta, el de tierra, cuya masa afectaba la forma de un globo que, situado en el centro del universo, permanecía absolutamente inmóvil.[4] El orden en la colocación de esas cuatro órbitas obedecía a la creciente diferencia en la supuesta pesantez intrínseca de los cuatro elementos que, por esa razón, se hallaban situados en su "lugar natural", y aunque resulte obvio, no estará de más aclarar que en este sistema el globo terrestre, hoy concebido como uno de los planetas del sistema solar, no era eso, puesto que ni siquiera era un cuerpo celeste. Era la masa de materia más pesada del universo: una gran bola que, fija en su centro, soportaba el peso de las masas de materia en escala creciente de ligereza y en las que, respectivamente, predominaban las esencias de agua, aire y fuego. Venía, pues, a ser el inconmovible cimiento de todo el cosmos que, en su interior, alojaba la zona infernal. Ésta también estaba estructurada por órbitas concéntricas que, empezando por la del Limbo, se adentraban hacia el centro en las siete esferas que correspondían a los siete pecados capitales, moradas de castigo de los condenados. La última esfera, la del centro, era la cárcel donde, aherrojado, vivía Luzbel su muerte eterna. (*Lámina I.*)

III

El globo terráqueo

1. Desde que los griegos conocieron que la Tierra afectaba la forma de una esfera, surgió la preocupación constante de determinar su tamaño, o para decirlo más técnicamente, de calcular la medida de su circunferencia. Es asombrosa la aproximación a la que llegó la ciencia antigua, dados los medios y métodos con que contaba. Pero a lo largo de los siglos posteriores estos resultados sufrieron muchas revisiones y alteraciones, de suerte que a finales del siglo xv existían suficientes autoridades y argumentos para dar apoyo a las opiniones más dispares, y si bien puede afirmarse que entre los letrados la opinión general no andaba muy desviada del cálculo de las mediciones modernas, también es cierto que reinaba suficiente incertidumbre para que se considerara el problema como cuestión abierta. No nos sorprenderá, pues, que Colón se haya atrevido a reducir enormemente el tamaño de la circunferencia del globo para presentar como factible la realización de su proyecto.[5]

2. Otro problema que reviste el mayor interés para nuestras finalidades es el relativo a la proporción en que estaba distribuida la superficie del globo entre el mar y la tierra. Se trata de una de las preocupaciones más antiguas y centrales en la historia de la geografía. Aquí nos conformaremos con presentar la situación a finales del siglo xv.

Pues bien, es obvio que solamente en tiempos modernos se pudo resolver el problema de un modo satisfactorio. Antes, todo se reducía a especulaciones hipotéticas que, sin embargo, no debemos considerar arbitrarias en cuanto que respondían a exigencias de índole científica o religiosa. Aludimos a la tesis aristotélica de que, en principio, la esfera de la materia en que predominaba el elemento agua, el Océano, debería cubrir la totalidad del globo terrestre, y por otra parte, aludimos a la noción bíblica de que Dios ordenó a las aguas que se retiraran para dejar descubierta una porción de superficie terrestre.[6] Y así, en efecto, puesto que esas nociones obligaban a considerar como caso de excepción la existencia de tierra no sumergida, acabó por imponerse el carácter insular de esa porción en contra de la tendencia opuesta que veía en los mares unos enormes lagos.[7]

Pero con esa solución de orden general el problema quedaba lejos de estar resuelto respecto a dos cuestiones capitales. La primera era la de la longitud que podía concederse al *orbis terrarum*, es decir, la de la llamada Isla de la Tierra, la porción habitada por el hombre y situada en el hemisferio norte del globo. La segunda cuestión consistía en la duda acerca de la existencia de otras islas comparables en los otros hemisferios, el antiguo problema de tierras antípodas, ya fueran meridionales, occidentales o ambas.[8]

Estas dos cuestiones guardan estrecha relación entre sí. Efectivamente, dado el carácter excepcional de la tierra no sumergida, era obligado suponer que mientras más extensión se le concediera al *orbis terrarum*, menos resultaba probable la existencia de tierras antípodas u *orbis alterius*, como se les decía.[9] Pero, a la inversa, mientras más reducida fuera la Isla de la Tierra, más probable la posibilidad de otras islas comparables. Esta ecuación, sin embargo, perdió su eficacia en vista de la peculiar complicación que significó la posibilidad y aun la necesidad de suponer que esas remotas e inaccesibles regiones fueran habitables y estuvieran de hecho habitadas. Para la ciencia antigua, el problema no se presentó en toda su agudeza, porque no conocía la exigencia de mantener la unidad fundamental del género humano, de suerte que, admitiendo que la Isla de la Tierra fuera relativamente pequeña, se favorecía la posibilidad de la existencia de tierras antípodas, principalmente en el hemisferio sur,[10] aceptando que eran en parte habitables y que estaban de hecho habitadas, pero por una especie distinta de hombres.[11] Es fácil comprender que semejante solución resultaba inaceptable para el Cristianismo, no sólo porque contradecía la idea dogmática del género humano como procedente de una única original pareja, sino porque planteaba la dificultad adicional de que los antípodas (concediendo que pudiesen ser descendientes de Adán)[12] no habrían podido tener noticia del Evangelio, lo que se oponía al texto sagrado, según el cual les enseñanzas de Cristo y de sus apóstoles habían llegado hasta los confines de toda la Tierra.[13]

Estas invencibles objeciones obligaron a San Agustín a negar la existencia de regiones antípodas, aun en el supuesto, para él no comprobado, de la esfericidad de la Tierra, y particularmente lo obligaron a negar que estuviesen habitadas en el caso remotísimo de que las hubiera.[14] La enorme autoridad de que gozó San Agustín a lo largo de la Edad Media influyó poderosamente en los tratadistas posteriores. Es cierto, sin embargo, que San Isidoro de Sevilla admitió la existencia de una gran tierra ubicada en el hemisferio sur de acuerdo con la tradición clásica, pero también es cierto que negó que estuviera habitada, de suerte que, en definitiva, no provocó el conflicto que de otro modo habría suscitado.[15] Como veremos oportunamente, el verdadero interés del texto de San Isidoro radica en que, a pesar de considerar inaccesible esa tierra al sur del ecuador, expresamente la incluye como una cuarta parte del mundo a igual título que Europa, Asia y África, las tres partes en que tradicionalmente se dividía. Cuando, con el renacimiento carolingio y más tarde con la escolástica, se admitió la noción de la esfericidad de la Tierra, la existencia de unas inaccesibles regiones antípodas en el Océano volvió a considerarse como una verdadera posibilidad, según lo revela la popularidad que gozó el *Comentario* de Macrobio y el mapa diseñado para ilustrarlo.[16] (*Lámina II.*)

Pero lo cierto es que las objeciones religiosas y evangélicas que hemos apuntado impidieron siempre su franca aceptación.[17] Y así, para evitar esos reparos y al mismo tiempo dar cuenta de la experiencia acumulada por los grandes viajes medievales,[18] apareció la tesis de que la Isla de la Tierra era mucho mayor de lo que habitualmente se suponía, a cuyo efecto se invocó un texto de los *Libros de Esdras*, según el cual la proporción que guardaban entre sí la tierra seca y el mar era de seis a uno.[19] De acuerdo con esta hipótesis, notoriamente sostenida por Rogerio Bacon (1214-94), y transmitida a Colón por vía del cardenal Pedro D'Ailly (1350-1420),[20] el *orbis terrarum* seguía concibiéndose como una isla, pero una isla dentro de la cual, dada su extensión, cabían habitantes que fueran antípodas los unos respecto a los otros, pero ya sin la dificultad de tener que suponer distinta procedencia de origen o de colocarlos al margen de la redención, puesto que ya no se hallaban incomunicados entre sí por el Océano.

3. A finales del siglo xv esta tesis tenía vigencia, pero lo cierto es que ya no era la única, ni la más autorizada, porque se había elaborado otra en cierto sentido diametralmente contraria que vino a plantear un dilema sin cuyo conocimiento no se puede entender el paradójico curso de los acontecimientos subsecuentes al hallazgo de Colón. En efecto, en la medida en que, por la peste negra y otras calamidades, se fue perdiendo de vista la experiencia medieval del Lejano Oriente que tanto habían ampliado los horizontes geográficos, y en la medida en que se volvía a la cultura clásica y sobre todo a las nociones de la física de Aristóteles, la idea de que la tierra seca ocupara mayor extensión que el mar se tornaba inaceptable. Veamos la cosa un poco más de cerca.

Se recordará que, de acuerdo con la doctrina aristotélica de los "lugares naturales", el globo de tierra debería estar totalmente cubierto por la esfera de ˙agua. Nada, pues, más contrario a la tesis que hacía del *orbis terrarum* una inmensa isla. Una vez más se volvió, por consiguiente, a la idea de que esa isla tenía que ser relativamente pequeña y una vez más fue preciso justificar su existencia. Para eso los tratadistas recurrieron a dos hipótesis. La primera, ya empleada en la Antigüedad, consistía en suponer que el centro de gravedad de la esfera de tierra no coincidía exactamente con su centro de magnitud.[21] De ese modo, sin desarraigarla del centro del universo, se podía entender que una parte emergiera del Océano. La segunda hipótesis, de tinte astrológico, consistía en suponer que, por mandamiento divino, una estrella atraía las aguas del Océano, de manera que, al producir una inmensa montaña de mar en el lado opuesto de la Isla de la Tierra, ésta quedaba descubierta.[22]

Ahora bien, independientemente del favor que se diera a una u otra de esas explicaciones, ambas conducían a lo mismo, a saber: que la tierra no sumergida era un fenómeno de excepción, y se convino, poco menos que unánimemente, en que ocupaba aproximadamente una cuarta parte de la superficie de la esfera, en lugar de las seis séptimas partes del cálculo a base del texto de Esdras.

En cuanto a la existencia de una o más islas comparables al *orbis terrarum* en otros hemisferios, su posibilidad quedó prácticamente desechada, no sólo porque su admisión implicaba mayor violación al principio de que el globo debería estar totalmente sumergido, sino porque la Isla de la Tierra consumía por sí sola la cantidad de tierra seca admitida como posible. Se pensaba, pues, que todo el hemisferio sur y buena parte del hemisferio norte eran acuáticos, y que, en todo caso, de existir islas en el océano, serían pequeñas y no estarían habitadas.

IV

El orbis terrarum *o Isla de la Tierra*

1. Hemos presentado el dilema que existía respecto a la distribución relativa de la superficie del globo entre tierra y mar. Ahora procede examinarlo desde el punto de vista de navegar al extremo oriente y sobre todo a la India, el imán

tradicional de la codicia por las inmensas riquezas que se le atribuían. El viaje podía intentarse por la vía del levante, posibilidad que implicaba la circunnavegación de África, o bien podía intentarse por el poniente, lo que suponía el cruce transatlántico.

Ahora bien, si se aceptaba como más segura la hipótesis de la relativa pequeñez en longitud de la Isla de la Tierra, el camino del oriente era el aconsejable, no sólo por la conveniencia nada despreciable de una navegación costera, sino porque la distancia tendría que ser menor que por la vía del occidente. Como todos sabemos, ésa fue la decisión de los portugueses cuando, bajo los auspicios e inspiración de su príncipe Enrique el Navegante (1394-1460), se lanzaron en busca de la India en la creencia de que el extremo meridional de África no se extendería más allá del ecuador.[23]

Si, en cambio, se aceptaba la hipótesis más antigua que le concedía a la Isla de la Tierra una enorme extensión en longitud, el viaje por el occidente parecía preferible, pese al riesgo de una travesía oceánica, no sólo porque la separación entre Europa y los litorales extremos de Asia no sería mucha, sino porque era dudoso que el fin meridional de África terminara al norte del ecuador, según indicación de nadie menos que el propio Tolomeo.[24] Pero además, la idea de que los extremos oriental y occidental de la Isla de la Tierra estaban relativamente cercanos tenía a su favor una antigua tradición a la que se vinculaba, entre otros, el nombre de Aristóteles.[25] Como todos sabemos, ése fue el proyecto que propuso Colón y que acabó siendo patrocinado por España

En suma, así como existía un dilema acerca de la mayor o menor longitud del *orbis terrarum*, existía el dilema correlativo acerca de la mayor o menor distancia que separaba a Europa de Asia. La situación, sin embargo, no era tan sencilla. En efecto, la adversa consecuencia de la hipótesis que le concedía una longitud relativamente pequeña a la Isla de la Tierra podía ser mitigada por dos circunstancias. La primera consistía en la posibilidad real de que el globo terrestre tuviera una circunferencia más pequeña de lo que era habitual concederle. Así, claro está, el espacio oceánico entre Europa y Asia se reduciría proporcionalmente. La segunda circunstancia consistía en la posibilidad, también real, de que fuera muy grande en longitud la Isla de la Tierra, sin necesidad de insistir demasiado en la autoridad de Esdras que, según vimos, concedía a la tierra no sumergida las seis séptimas partes de la superficie del globo. Este segundo argumento era tanto más plausible cuanto que Tolomeo había dejado abierta la posibilidad de extender hacia el oriente la longitud del *orbis terrarum*,[26] y por las noticias de Marco Polo que le añadían por ese rumbo a la Isla de la Tierra las provincias chinas de Catay y Mangi y un archipiélago adyacente que contenía la gran isla de Cipango, es decir, el Japón. En vista de lo anterior, hasta los adeptos de la hipótesis de un *orbis terrarum* relativamente pequeño tenían que admitir que la idea de realizar un viaje por el occidente desde Europa a Asia no era una mera extravagancia. Y cuando, contra todas las expectativas, los portugueses averiguaron que las costas de África, lejos de terminar al norte del ecuador, descendían hasta más allá de los 30 grados de latitud sur,[27] la posibilidad de aquel viaje se hizo mucho más atractiva. Tal, en términos generales, la situación a finales del siglo xv respecto al antiguo anhelo de ligar a Asia con Europa a través del Océano.

2. Para un viajero que intentara la travesía del Atlántico era de primordial importancia, no sólo suponer que era factible alcanzar el extremo oriental de la Isla de la Tierra, sino tener alguna idea de la configuración de los litorales adonde iba a llegar; pero también en esto se ofrecía un dilema que desempeñará un papel absolutamente determinante en la interpretación de los viajes finales de Colón y de Vespucio. Considerémoslo con la atención que merece.

Por Marco Polo se sabía que la costa asiática frontera a Europa correría de norte a sur desde el círculo boreal hasta el Trópico de Capricornio.[28] Una navegación transatlántica a la altura de España no podía, pues, menos de topar con la masa continental de Asia. En un punto cercano al círculo del trópico doblaba hacia el occidente; corría un trecho en esa dirección, formando así la costa meridional de la provincia china de Mangi, y volvía, en seguida, hacia el sur. Este último tramo correspondía a los litorales atlánticos de una península bañada, en el lado opuesto, por las aguas del Océano Índico. Pero el dilema a que hicimos alusión consistía en dos posibilidades. Algunos consideraban que esa península se identificaba con el famoso Quersoneso Áureo de la geografía tolomaica, hoy la Península Malaca, y cuya penetración sería lo más meridional de Asia. De acuerdo con esa imagen un viajero que, procedente de Europa, quisiera alcanzar la India tendría que circunnavegar la península para poder pasar del Atlántico al Índico.[29] Ésta fue la creencia que orientó a Colón en sus tres primeras exploraciones.

El otro término del dilema consistía en aceptar, sí, la existencia del Quersoneso Áureo, pero suponía una segunda y mucho más grande península situada antes que aquélla, de manera que sus costas orientales serían las bañadas por el Atlántico y no las del Quersoneso Áureo, como quería la hipótesis anterior. Se postulaba, pues, que las dos penínsulas estaban separadas por un golfo formado con aguas del Océano Índico, el llamado *Sinus Magnum* de la cartografía antigua.[30] Resultaba, entonces, que para pasar del Atlántico al Índico y poder llegar a la India, un viajero procedente de Europa se vería obligado a doblar el cabo extremo meridional de aquella segunda península, pero nadie podía decir hasta qué grado de latitud se extendía, suponiéndose que, a diferencia del Quersoneso Áureo, rebasaba el ecuador.

Ahora bien, como se tenía noticia cierta de la posibilidad del paso al Océano Índico, puesto que Marco Polo tuvo que utilizarlo en su navegación de regreso a Europa, a nadie escapará la importancia toral del dilema que acabamos de puntualizar si no se olvida que la meta de Colón y de todos los exploradores que lo siguieron de cerca era, precisamente, llegar a la India. Para distinguir con facilidad los dos términos del dilema vamos a llamar a la primera opinión la tesis de la península única y a la segunda, la tesis de la península adicional. (*Lámina III.*)

3. La imagen de la configuración geográfica de los litorales atlánticos de Asia o, si se prefiere, del extremo oriental de la Isla de la Tierra, se completa con la noticia de la existen-

cia de un nutrido archipiélago adyacente, cuya isla mayor era el Japón, el Cipango de la geografía polana, particularmente rica en piedras preciosas.[31] Por último, se creía en la existencia de islas atlánticas situadas a distancias indeterminadas al occidente de Europa, y entre las cuales, la Isla Antilla y su archipiélago era lo más sobresaliente.

V

La ecumene o mundo

Por motivos que resultarán claros en lo que diremos adelante, la palabra "mundo" se emplea como sinónimo de universo o de globo terráqueo. Se trata, sin embargo, de conceptos distintos cuyos respectivos sentidos vamos a aclarar.

La idea de universo es incluyente de la totalidad de cuanto existe; el concepto de globo terráqueo se refiere a nuestro planeta, pero en la época que vamos considerando se refería a la masa de materia cósmica más pesada, porque en ella prevalecía la esencia o elemento tierra.[32] Ahora bien, el mundo no es, primariamente, ni lo uno ni lo otro. Es, ante todo, la morada cósmica del hombre, su casa o domicilio en el universo, antigua noción que los griegos significaron con el término de "ecumene". El mundo, pues, ciertamente supone un sitio y cierta extensión, pero su rasgo definitorio es de índole espiritual. Veamos, entonces, el fundamento que se le daba a esa noción dentro del sistema geocéntrico del universo, y cuáles los límites con que se entendía a finales del siglo xv.

1. Desde la Antigüedad y a lo largo de la historia de la cultura occidental, salvo en época muy reciente, se ha pensado que el mundo, el domicilio cósmico del hombre, se aloja exclusivamente sobre la Tierra. La ciencia antigua y el pensamiento cristiano coincidieron en que la razón fundamental de esa exclusiva consistía en una identidad material, es decir, que como el cuerpo humano era esencialmente tierra,[33] ése

era su elemento propio, de suerte que la masa cósmica en la que predominaba aquella esencia resultaba ser el "lugar natural" de la vida humana, el único lugar del universo en que podía vivir el hombre en razón de su naturaleza misma.

Esto por lo que toca al fundamento científico y religioso del concepto de mundo. Pero ese principio adolecía, de hecho, de una primera y obvia limitación, puesto que solamente la tierra no sumergida por las aguas del Océano podía alojar al mundo. No era ésa, sin embargo, la única restricción, porque sólo una porción de la tierra no sumergida era la apta para domicilio del hombre, el llamado *orbis terrarum* o Isla de la Tierra, calificada de "nuestra tierra" para diferenciarla de "otras tierras" u *orbis alterius* que pudieran existir en el Océano.[34] En efecto, ya indicamos que aun en el supuesto de que esos otros orbes estuvieran habitados, sería por entes que no cabrían dentro del género humano. Se trataba, pues, literalmente de "otros mundos" cuyo conocimiento, según declaración de Estrabón, correspondía a los cosmógrafos por no tener nada que ver con la geografía.[35]

Por último, ni siquiera toda la Isla de la Tierra se estimaba adecuada para alojar al mundo en cuanto que partes de ella se consideraban inhabitables, pero no en el sentido relativo que hoy le concedemos a ese término cuando, por ejemplo, hablamos de un desierto o de un pantano, sino en un sentido absoluto. Eran regiones en las que se suponía que reinaban ciertas condiciones cósmicas que el hombre no podría jamás alterar o remediar porque dependían de la estructura misma del universo.

La teoría clásica a ese respecto se originó en Parménides, según afirmación de Posidonio, pero fue Aristóteles quien, con su enorme autoridad, le puso el sello definitivo.[36] Se trata de la famosa división del globo terrestre de acuerdo con las cinco zonas del cielo, a saber: las dos polares, las dos templadas y la intermedia, llamada la zona tropical, tórrida o quemada. Ciertamente, en la Antigüedad hubo intentos de modificar ese esquema,[37] pero lo cierto es que se mantuvo como el más adecuado, tanto desde el punto de vista astronómico como geográfico. Pero lo que nos importa subrayar es la suposición de que únicamente eran habitables las zonas templadas, las comprendidas entre los círculos árticos y los círculos de los trópicos, y puesto que la Isla de la Tierra se hallaba ubicada en el hemisferio norte, la extensión geográfica del mundo quedaba confinada a sólo aquella porción del *orbis terrarum* comprendida dentro de la zona templada septentrional. Se trataba, pues, de una faja de la Isla de la Tierra limitada hacia el norte y el sur por las supuestas infranqueables barreras de los círculos del ártico y del Trópico de Cáncer, respectivamente, y hacia el levante y el poniente, por los litorales oceánicos de la isla.[38]

2. Consideremos, ahora, la concepción cristiana del mundo que si, ciertamente, no superó el sentido limitado de la concepción antigua de la ecumene, al menos introdujo una modalidad importante que abrió el camino a su derogación en época posterior.

Recordemos brevemente el viejo mito bíblico: Dios formó a Adán de la tierra y le dio por morada el Paraíso Terrenal, un huerto de delicias donde habría de habitar al abrigo de inclemencias y con excusa de fatigas, puesto que todo lo que requería su vida se le daba allí en perfección y abundancia.

Tal, pues, el mundo original del hombre. Pero como, por incitación de la mujer, pecó nuestro primer padre y por su desobediencia incurrió en la vergüenza y en la muerte de la carne, perdió, al perder su inocencia, el privilegio de ocupar el palacio que Dios le había preparado, de modo que el mundo dejó de estar alojado en aquel huerto de delicias al ser transferido a un yermo de fatigas. Maldijo Dios a la tierra y, expulsado Adán del Paraíso, quedó con la carga de vivir a costa de su esfuerzo y del sudor de su rostro. Se inicia así el gran drama de la historia universal. Tanta era la debilidad de la carne y tan ineficaz el escarmiento que, arrepentido Jehová de haber creado al hombre, propuso destruirlo con cuanto tuviera aliento de vida sobre la tierra. Así lo ejecutó, y una vez más, como en los días primeros de la Creación, las aguas cubrieron la totalidad de la tierra. Todo pereció, salvo los pocos privilegiados moradores del arca de Noé, ese mundo provisional y flotante en que, por piedad divina, se salvó la simiente de la humanidad. Mas, sabedor Jehová que la maldad era vicio incurable de la carne, hizo pacto con ella de no destruir ya jamás la tierra, ni maldecirla, y sacándola por segunda vez del abismo de las aguas, se la entregó a Noé para que, a su costa y riesgo, se posesionara de ella en la medida en que fuera fructificando y multiplicando su descendencia.[39]

He aquí, pues, el segundo mundo, el del hombre caído, el del hombre histórico, porque mientras perduró en su estado de inocencia, no puede decirse que tuviera historia propiamente hablando. Ahora bien, este segundo mundo ya no se aloja, como el primero, en un abrigado huerto de delicias y abundancia, sino en un inclemente valle de lágrimas, pero —y esto es lo decisivo— ahora se trata de un mundo abierto, de un mundo concebido como posible de ser poseído y ampliado en la medida en que el hombre por su propio esfuerzo e ingenio le fuera imponiendo a la Tierra las condiciones requeridas para hacerla habitable, es decir, en la medida en que la fuera transformando en beneficio propio y, por consiguiente, alterando nada menos que la obra de la creación divina. Tal, pues, el profundo significado del viejo mito bíblico: el hombre, mientras persevera en su estado de inocencia original, no es ni responsable de su mundo, ni tiene conciencia de sí mismo. Pero al cobrar esa conciencia, patente por vez primera en la vergüenza de su desnudez, se sabe mortal, es decir, se transfigura en un ente histórico y, como tal, recae en él la tremenda tarea de labrar su mundo al ir transformando la Tierra y en el límite, al universo entero, de suyo ajeno al hombre en cuanto creado por Dios y sólo para Dios. Fue así cómo el Cristianismo introdujo en el ámbito de la cultura grecorromana superviviente la noción fundamental del hombre como responsable e inventor de su mundo o, si se prefiere, de su propia vida y destino.

Pero si es cierto que una noción tan decisiva se encuentra implícita en el mito de la expulsión del Paraíso y casi explícita en el de la repartición del mundo entre los hijos de Noé, no es menos cierto que no pudo penetrar en el pensamiento medieval mientras predominó el que Augusto Comte llamó espíritu teológico, de manera que quedó como un germen destinado a florecer hasta el advenimiento de la ciencia y de la técnica modernas. En efecto, como los padres de la Iglesia, primero, y después los doctores y teólogos medievales sólo subrayaron en el hombre histórico la criatura caída de la gracia, no pudieron o no quisieron destacar aquella posibilidad suya de transformar al universo en mundo, para sólo entenderla como el merecido y duro castigo en que incurrió por la culpa original. Y así, lo que para el hombre moderno significa su mayor timbre de gloria, la paulatina y osada conquista de la realidad universal, no representó para el cristiano medieval sino claro síntoma de la miseria de la condición humana. Sin embargo, y pese a ese aspecto negativo, la Cultura Cristiana no pudo menos de entender el mundo, ya que no como un proceso transformador del universo, sí como el proceso de toma de posesión de la Tierra.

Se advierte, entonces, el gran paso que significó semejante manera de entender el mundo respecto a la antigua, porque, de ese modo, los confines del mundo se confundían, en principio, con los linderos geográficos del *orbis terrarum* y en potencia, se extendían más allá en el caso de que hubiera otras tierras no sumergidas por el Océano. Estas posibilidades, por consiguiente, ponían en crisis las antiguas nociones de unas zonas de suyo inhabitables y de que las tierras antípodas constituían literalmente "otros mundos". Se explica, así, la peculiar fascinación que ejerció en la alta Edad Media el *Comentario* de Macrobio en que se afirmaba la existencia de tres grandes islas comparables al *orbis terrarum*, y se entiende por qué San Isidoro de Sevilla pudo concebir como "cuarta parte del mundo" una hipotética tierra situada en el hemisferio sur, anticipando, como se verá, la fórmula en que América fue originalmente concebida.

3. Sería un error, sin embargo, pensar que la idea del mundo como proceso de apoderamiento de la Tierra logró prevalecer lisa y llanamente sobre la concepción estática del pensamiento antiguo, porque con el advenimiento del aristotelismo escolástico las nociones clásicas cobraron nueva vida en el seno de la ciencia medieval. Y, en efecto, con la

aceptación del sistema geocéntrico del universo, se impuso la teoría de las zonas inhabitables respaldada con la autoridad de luminarias de la magnitud de Alberto el Magno y Rogerio Bacon, y así, a partir del siglo XIII surge un sordo conflicto entre la visión clásica del mundo y la que podemos llamar visión patrística, principalmente apoyada en fuentes bíblicas. A finales del siglo XV ese conflicto se había resuelto en una situación ambigua caracterizada por dos rasgos fundamentales: por una parte, existía una corriente de opinión opuesta a la vieja doctrina de las zonas inhabitables en el sentido absoluto que se concedía al término, y tanto más cuanto que se invocaba la experiencia como argumento decisivo. A este respecto se puede citar a Colón mismo, de quien sabemos que redactó un memorial para mostrar que todas las zonas eran habitables.[40] Pero, por otra parte, la idea dinámica del mundo como el proceso de ocupación y apoderamiento de la Isla de la Tierra y en principio, de otras islas comparables que pudieran existir, sufrió un eclipse ante el deslumbramiento de la supersticiosa veneración con que se recibía cuanto procediera de la Antigüedad clásica. Este conflicto es importante para comprender las dificultades conceptuales que provocó el hallazgo de Colón, y por qué fue menester un largo forcejeo intelectual para desenterrar y actualizar la noción de "cuarta parte del mundo" concebida desde el siglo IV por San Isidoro de Sevilla.

El resultado inmediato de aquella oposición de tendencias fue llegar a una solución ecléctica que sacrificó la idea dinámica del mundo implícita en el mito bíblico, pero, en cambio, rechazó el absolutismo de la antigua doctrina de la inhabitabilidad de ciertas zonas de la Tierra. Y así, el mundo quedó concebido como abarcando la totalidad del *orbis terrarum* o Isla de la Tierra, independientemente de que no se conociera en toda su magnitud y a pesar de que en parte quedara comprendida dentro de las zonas árticas y tórrida; pero sin conciencia de la provisionalidad de esos límites como correspondientes a sólo una etapa del proceso de apoderamiento por parte del hombre de provincias cada vez mayores de la realidad universal.

4. Ahora que tenemos una idea suficiente de la concepción del mundo en la Antigüedad y en el Cristianismo y de la situación ecléctica que predominaba al respecto a finales del siglo xv, conviene considerar el fondo subyacente a ambas concepciones como requisito para poder hacernos cargo de la profunda mudanza que implicó la aparición de América como instancia de liberación del hombre respecto a su relación con el universo.

Pues bien, se recordará que el "lugar natural" del hombre era la Tierra y que, por lo tanto, sólo en ella podía estar el mundo. Pero si eso era así, el resto de la realidad universal tenía necesariamente que concebirse como algo constitutivamente extraño y ajeno al hombre; algo, pues, que nunca y por ningún motivo podría llegar a ser parte del mundo, sino que, por el contrario, era lo que le ponía límites infranqueables y lo encerraba de un modo absolutamente definitivo. Esto se pone de manifiesto de un modo peculiarmente extraño para nosotros en la manera de concebir al Océano. En efecto, el Océano ejemplificaba tangible y espectacularmente la hostilidad y extrañeza de la realidad cósmica y, en cuanto límite de la Isla de la Tierra, no le pertenecía al mundo y, por lo tanto, no se le consideraba como susceptible de posesión jurídica u objeto para el ejercicio de la soberanía de los príncipes.

Pero eso no era todo, porque el Océano, además de ser el límite cósmico del mundo, representaba una amenaza permanente en cuanto que, en principio, debería cubrir en su totalidad la superficie del globo terrestre. La existencia del mundo, por consiguiente, estaba condicionada por una derogación del orden universal, y la Isla de la Tierra que lo alojaba era, en ese sentido, una especie de mancha en el cuerpo inmaculado del cosmos. Implicaba, por decirlo así, una injusticia que la naturaleza toleraba o, en el caso del Cristianismo, una benévola concesión por parte de Dios. Dios, en efecto, había derogado las leyes impuestas a la materia por su Providencia para hacerle al hombre un lugar donde pudiera vivir, pero un lugar concedido, no para el logro de fines particulares del hombre mismo, sino para los fines que Dios le impuso al crearlo. El mundo, por consiguiente, no era del hombre y para el hombre, sino de Dios y para Dios, de manera que el hombre vivía en el mundo como un inquilino o siervo que habitaba una parcela que le había sido graciosamente concedida, pero de la que no podía servirse como cosa suya, puesto que no la había hecho.[41] El hombre, pues, no sólo resultaba ser prisionero de su mundo, sino un prisionero que ni siquiera podía llamar suya su cárcel: todo lo recibe ya hecho y de nada puede servirse como cosa propia.[42]

Este sentimiento de encerramiento y de impotencia, subyacente a la concepción del mundo propio a la época en que se inicia el proceso que he llamado de la invención de América, nos permite comprender a fondo la razón entrañable y previa a toda racionalización científica de la antiquísima imagen insular del mundo [43] y no es casual que la palabra *insula* haya tenido el significado de casa ofrecida en alquiler, ni que *insularum domini* e *insularius* se hayan empleado como términos para designar al casero y al inquilino, respectivamente, y también, la última palabra, para significar al criado o siervo a quien se encomendaba el cuidado de las casas alquiladas.

No escapará a nadie una obvia consecuencia de las anteriores consideraciones, a saber: que la idea que el hombre se forma de su mundo depende de la idea que el hombre tenga de sí mismo y que, por lo tanto, lo concibe a su imagen y semejanza. Y en efecto, ahora ya podemos ver que mientras el hombre se concibió a sí mismo, ya como un animal inalterablemente definido por su naturaleza, ya como una criatura a la que se le han impuesto unos fines y un destino que trascienden su vida, es decir, mientras el hombre se conciba como algo ya hecho para siempre de acuerdo con un modelo previo e inalterable, tendrá que imaginar que su mundo tiene la misma inconmovible estructura o índole. Pero, a la inversa, si el hombre se concibe, no ya como definitivamente hecho, sino como posibilidad de ser, el universo en que se encuentra no le parecerá límite infranqueable y realidad ajena, sino como un campo infinito de conquista para labrarse su mundo, producto de su esfuerzo, de su técnica y de su imaginación. Lejos de ser una isla ceñida del amenazante Océano, el mundo será tierra firme con permanente frontera de conquista. Será, pues, un mundo en trance de hacerse, siempre un mundo nuevo.

Ahora bien, bastará recordar que las tierras cuya existencia empezó a mostrar Colón acabaron por concebirse, precisamente, como un "nuevo mundo", para sospechar que detrás de ese suceso operó como resorte ese cambio que acabamos de puntualizar, y el problema es, entonces, tratar de aclarar históricamente cómo se llegó a la idea de un nuevo mundo en el ámbito de un mundo que no admitía semejante posibilidad. Tal la cuestión que trataremos de resolver en el siguiente apartado.

5. Pero antes de embarcarnos en esa aventura debemos añadir un rasgo más al esquema que hemos venido trazando para describir el horizonte cultural en que se inicia la empresa colombina. Nos referimos a lo que puede designarse como la estructura histórica del mundo, según se concebía en aquella época. En efecto, el mundo no se entendía como un todo homogéneo; por lo contrario, se pensaba que estaba dividido en tres porciones de extensión desigual, pero sobre todo de índole histórica diferente. Aludimos, claro está, a la llamada división tripartita que estructuraba en un orden jerárquico ascendente a África, Asia y Europa, esta última la más perfecta por su naturaleza y espiritualmente privilegiada. Esta famosa partición del mundo tiene remotos antecedentes en la Cultura Clásica como lo atestigua Herodoto que ya habla de ella como una noción consagrada por el uso. El Cristianismo la prohijó como suya al darle un fundamento propio en el relato bíblico de la repartición de la Tierra entre los tres hijos de Noé. Oportunamente veremos el papel decisivo que desempeñará esa antigua división en el proceso que pasamos a describir en seguida.

Tercera Parte

EL PROCESO DE LA INVENCIÓN DE AMÉRICA

Sólo lo que se idea es lo que se ve; pero lo que se idea es lo que se inventa.

Martín Heidegger: *Aus der Erfahrung des Denkens*, 1954.

I

En el sistema del universo e imagen del mundo que acabamos de esbozar, no hay ningún ente que tenga el ser de América, nada dotado de ese peculiar sentido o significación. Real, verdadera y literalmente América, como tal, no existe, a pesar de que exista la masa de tierras no sumergidas a la cual, andando el tiempo, acabará por concedérsele ese sentido, ese ser. Colón, pues, vive y actúa en el ámbito de un mundo en que América, imprevista e imprevisible, era en todo caso, mera posibilidad futura, pero de la cual, ni él ni nadie tenía idea, ni podía tenerla. El proyecto que Colón sometió a los reyes de España no se refiere, pues, a América, ni tampoco, como iremos viendo, sus cuatro famosos viajes. Pero si esto es así, no incurramos, ahora que estamos a punto de lanzarnos con Colón en su gran aventura, en el equívoco de suponer, como es habitual, que, aunque él lo ignoraba, "en realidad" cruzó el Océano en pos de América y de que fueron sus playas adonde "en realidad" llegó y donde tanto se afanó y padeció. Los viajes de Colón no fueron, no podían ser *"viajes a América"*,[1] porque la interpretación del pasado no tiene, no puede tener, como las leyes justas, efectos retroactivos. Afirmar lo contrario, proceder de otro modo, es despojar a la historia de la luz con que ilumina su propio devenir y privar a las hazañas, de su profundo dramatismo humano, de su entrañable verdad personal. A diametral diferencia, pues, de la actitud que adoptan todos los historiadores, que parten con una América a la vista, ya plenamente hecha, plenamente constituida, nosotros vamos a partir de un vacío, de un todavía-no-existe América. Compenetrados de esta idea y del sentimiento de misterio que acompaña el principio de toda aventura verdaderamente original y creadora, pasemos a examinar, en primer lugar, el proyecto de Colón.

II

El proyecto de Colón es de una dórica simplicidad: pretendía atravesar el Océano en dirección de occidente para alcanzar, desde España, los litorales extremos orientales de la Isla de la Tierra y unir, así, a Europa con Asia.[2] Como es obvio —ya lo vimos—, esta ocurrencia nada tenía de novedosa y ya sabemos en qué nociones se fundaba la plausibilidad de realización de semejante viaje. Conviene recordarlas brevemente.

La forma esférica que, de acuerdo con la física de Aristóteles, afectaba el conjunto de las masas de agua y de tierra es la premisa fundamental: tratándose de un globo, un viajero podía, en principio, llegar al oriente del *orbis terrarum* navegando hacia el occidente. El único problema era, pues, saber si el viaje era realizable, dados los medios con que se contaba. Colón se convenció por la afirmativa, aprovechando la indeterminación en que se estaba respecto al tamaño del globo terráqueo y acerca de la longitud de la Isla de la Tierra.[3] En efecto, amparado por el dilema que había a ambos respectos, acabó por persuadirse de que el globo era mucho más pequeño de lo habitualmente aceptado y de que el *orbis terrarum* era mucho más largo de lo que se pensaba. La consecuencia de estos dos supuestos es obvia: mientras mayor fuera la longitud de la Isla de la Tierra y menor la circunferencia del globo, más breve sería el espacio oceánico que tendría que salvarse.

Sabemos que, en un sentido estricto, ninguno de esos supuestos era un disparate científico. La verdad es, sin embargo, que como Colón extremó tanto la pequeñez del globo en su afán de convencerse y de convencer a los demás, sus argumentos fueron más perjudiciales que favorables a su empeño. Para el hombre informado de la época, lo único que merecía consideración seria era la posible proximidad de las costas atlánticas de Europa y Asia, pero aun así, el proyecto tenía que parecer descabellado por lo mucho que debería alargarse la longitud de la Isla de la Tierra para hacerlo plausible. La elección de los portugueses en favor de la ruta oriental no obedecía, pues, a un mero capricho, y su único gran riesgo consistía en que las costas de África no terminaran, como se suponía (*Lámina II*), arriba del ecuador.[4]

Esta situación explica por sí sola la resistencia que encontró Colón en el patrocinio de la empresa que proponía. No es demasiado difícil, sin embargo, comprender los motivos que decidieron a los reyes católicos a tomarla a su cargo. En primer lugar, la rivalidad con Portugal, agudizada por el hallazgo del Cabo de Buena Esperanza, le prestó al proyecto de Colón un apoyo inesperado. Parece obvio, en efecto, que Fernando e Isabel accedieran a las insistentes peticiones de Colón, con la esperanza no distinta a la del jugador que, confiando en un extraordinario golpe de suerte, se decide a aceptar un envite arriesgado. Era poquísimo lo que se podía perder y muchísimo lo que se podía ganar. Esto explica, además, que la Corona, ya decidida a tentar fortuna, haya accedido a las exorbitantes pretensiones remunerativas de Colón.

En segundo lugar, el acuerdo de patrocinar la empresa encontró aliciente en la posibilidad de obtener para España alguna o algunas de las islas que la cartografía medieval ubicaba en el Atlántico y que nada tenían que ver con el supuesto archipiélago adyacente a las costas de Asia.[5] Semejante posibilidad parece explicar, por lo menos parcialmente, por qué motivo las capitulaciones firmadas con Colón (Villa de Santa Fe de Granada, 17 de abril de 1492) presentan la empresa como una mera exploración oceánica que, claro está, no tenían por qué excluir el objetivo asiático.[6] Pero en esa particularidad del célebre y discutido documento, estriba, a nuestro parecer, un motivo más que refuerza la decisión de los reyes de España y sobre el cual no se ha puesto la atención que merece, a saber: el deseo y oportunidad de ejercer un acto de soberanía, en esa época enteramente inusitado, sobre las aguas del Océano. En efecto, lo verdaderamente extraordinario de las capitulaciones no consiste en que no aparezca en ellas de un modo expreso la finalidad asiática del viaje, sino en que aparezca de modo expreso una declaración del señorío español sobre el Océano, pretensión extravagante por los motivos que indicamos oportunamente.[7]

Todas estas consideraciones no están animadas por el deseo de tomar partido en una de las más enconadas polémicas de la historiografía colombina que en nada nos afecta.[8] Hacían falta, en cambio, para describir la situación inicial, porque al indicar el contraste entre la confiada actitud de Colón y la precavida posición de la Corona, ya se hace patente la discrepancia que disparará el desarrollo futuro de los acontecimientos. Más o menos debe verse así la situación: allí está, preñado de posibilidades ignotas, el proyecto de la empresa como una saeta en el arco tenso. Dos espectadores llenos de interés contemplan el suceso desde puntos de vista que en parte coinciden y en parte difieren. Cuando se haga el disparo se desatará el nudo de posibilidades, pero, necesariamente, los dos espectadores comprenderán sus efectos de modos ligeramente distintos. Se entabla el diálogo y poco a poco, entre coincidencias y disidencias, ilusiones y desengaños, se irá perfilando una nueva y sorprendente versión del acontecimiento. Ahora Colón tiene la palabra.

III

En la multisecular y alucinante historia de los viajes que ha realizado el hombre bajo los impulsos y apremios más diversos, el que emprendió Colón en 1492 luce con un esplendor particular. No sólo ha admirado la osadía, la inmensa habilidad y tesón del célebre navegante, sino que el inesperado desenlace le ha añadido tanto lustre a aquel legítimo asombro, que la hazaña se ha convertido en el más espectacular de los acontecimientos históricos. Un buen día, así se acostumbra relatar el suceso, por obra de inexplicada e inexplicable premonición profética, de magia o milagro o lo que sea, el rival de Ulises en la fama, el príncipe de navegantes y descubridor por antonomasia, reveló a un mundo atónito la existencia de un inmenso e imprevisible continente llamado América, pero acerca del cual, por otra parte, se admite que ni Colón ni nadie sabían que era eso. Probablemente es una desgracia, pero en la historia las cosas no acontecen de esa manera, de suerte que, por pasmoso que parezca, el viejo y manoseado cuento del primer viaje de Colón no ha sido relatado aún como es debido, pese al alud bibliográfico que lo ahoga. Quede para otra ocasión tentar fortuna al respecto, porque la economía que nos hemos impuesto obliga a sólo considerarlo en el esqueleto de su significación histórica, y para ello nos limitaremos a examinar el concepto que se formó Colón de su hallazgo y la actitud que observó durante toda la exploración, es decir, vamos a tratar de comprender el sentido que el propio Colón le concedió al suceso y no el sentido que posteriormente se ha tenido a bien concederle.

No hace falta abrumar con citas documentales, porque nadie ignora lo sucedido: cuando Colón avistó tierra en la noche entre los días 11 y 12 de octubre de 1942, tuvo la certeza de haber llegado a Asia, o más puntualmente dicho, a los litorales del extremo oriente de la Isla de la Tierra. Se trataba por lo pronto, es cierto, de sólo una isla pequeñita; pero de una isla, piensa, del nutrido archipiélago adyacente a las costas del *orbis terrarum* del que había escrito Marco Polo, isla a la cual, dice, venían los servidores del Gran Kan, emperador de China, para cosechar esclavos, y vecina, seguramente de la celebérrima Cipango (Japón), rica en oro y piedras preciosas. A esta última se propuso Colón localizar al día siguiente de su arribada.[9] En suma, sin necesidad de más prueba que el haber encontrado la isla donde la halló con la circunstancia de estar habitada —y esto es lo importante—, Colón se persuadió de que había llegado a Asia.

Pero lo que resulta verdaderamente extraordinario para nosotros no es que Colón se haya convencido de que estaba en la proximidad de Asia cuando, desde la borda de su nave capitana, contempló las esmeraldas riberas de aquella primera isla que le entregó el Océano, sino la circunstancia de haber mantenido esa creencia durante toda la exploración a pesar de que no comprobó nada de lo que esperaba, es decir, nada que de algún modo la demostrara de manera indubitable. A este respecto tampoco hace falta aducir pruebas textuales. Ya se sabe: en todo y por todas partes Colón veía a Asia, esas remotas regiones de la Isla de la Tierra que una tradición multisecular venía pintando en tan bellos y alucinantes colores y que la codicia del navegante colmaba de riquezas nunca soñadas de oro, piedras preciosas, especias y otros productos naturales del más alto precio. La rudeza y desnudez de los naturales pobladores, la terca ausencia de las ciudades y palacios que debía haber encontrado y que tan en vano buscó, la circunstancia que el oro sólo brillaba en el rumor de las falsas noticias que le daban los indígenas y el fracaso repetido en el intento de localizar, primero a Cipango y después al Gran Kan en nada conmovieron su fe: había llegado a Asia, en Asia estaba y de Asia volvía, y de esta convicción ya nada ni nadie lo hará retroceder hasta el día de su muerte.

He aquí, pues, la situación: Colón no sólo creyó que había llegado al otro extremo de la Isla de la Tierra cuando topó con la primera tierra, sino que cuanto averiguó durante la exploración fue interpretado por él como prueba empírica de esa creencia. Para un hombre de otra contextura mental, la reiterada ausencia de los indicios previstos en sus especulaciones, habría, por lo menos, sembrado la duda. En Colón se observa, precisamente, lo contrario: nada lo conmueve en su fe. Del desengaño, pongamos por caso, al no encontrar la opulenta ciudad que estaría, según él, a la vuelta de un promontorio visto desde lejos, brota, no la desilusión, sino la renovada esperanza de encontrarla detrás del próximo cabo, y cuando ya resulta insostenible mantenerla, acude ágil y consoladora a su mente una explicación cualquiera, un pretexto que deja a salvo la creencia. Lo favorable y lo adverso, lo blanco y lo negro, todo es una y la misma cosa; todo es pábulo, nada es veneno, porque, dócil al deseo, la realidad se transfigura para que brille suprema la verdad creída. Bien lo describe Bartolomé de las Casas cuando, asombrado ante la credulidad del almirante (ya se le puede designar así a Colón) califica de "cosa maravillosa como lo que el hombre mucho desea y asienta una vez con firmeza en su imaginación, todo lo que oye y ve, ser en su favor a cada paso se le antoja".[10] Ése, puntualmente, es el caso de Colón; ésa la clave para penetrar el íntimo drama de su vida; ése el clima espiritual que norma toda su actividad futura y que alimenta las esperanzas de gloria y de riqueza que concibió aquel día de octubre cuando, al percibir la isleta que llamó San Salvador, se persuadió para siempre de su victoria.

IV

Ahora que sabemos lo que pensó Colón acerca de las tierras que halló y la actitud que observó al respecto, debemos tratar de averiguar qué sentido tienen una y otra cosa, o si se prefiere, cuál es conceptualmente la significación del viaje de 1492.

La respuesta a esta pregunta no es difícil si sometemos a un pequeño análisis los datos con que contamos.

En primer lugar veamos qué clase de operación mental llevó a cabo Colón. Pues bien, si pensó que había llegado al extremo oriental de la Isla de la Tierra, por el solo hecho de haber encontrado tierra habitada en el lugar donde la halló y no por ningún otro indicio irrefutable, su idea no pasa de ser una mera suposición, o para decirlo con un término más técnico, no pasa de ser una *hipótesis*.

Pero, en segundo lugar, ¿cuál es el fundamento de esa suposición o hipótesis?, es decir, ¿por qué pudo Colón suponer que había llegado al extremo oriental de la Isla de la Tierra por el solo hecho de haber encontrado una tierra habitada en el sitio donde la encontró? La respuesta es obvia: Colón pudo suponer eso, porque la imagen que previamente tenía acerca de la longitud de la Isla de la Tierra hacía posible esa suposición. Estamos, por consiguiente, ante una hipótesis, según ya dijimos, pero una *hipótesis a priori*, es decir, fundada, no en una prueba empírica, sino en una idea previa o *a priori*.

Esto, sin embargo, todavía no revela el último fondo de la actitud de Colón, porque, en tercer lugar, la hipótesis no sólo está fundada en una prueba empírica, sino que Colón no le concede a la experiencia el beneficio de la duda. En efecto, vimos que mantuvo su idea de haber llegado a Asia a pesar de que cuanto vio parecía contrariarla, pues no encontró nada de lo que esperaba ver. Esta circunstancia revela, entonces, una situación muy peculiar, pero no por eso menos frecuente, a saber: que la suposición de Colón es de tal índole que resultaba invulnerable a los datos de la experiencia. Se preguntará, quizá, que cómo puede ser eso así. La explicación es bien clara. Lo que acontece es que la idea previa que sirve de base a la suposición, es decir, la idea de Colón acerca de la excesiva longitud de la Isla de la Tierra, se le impuso como una verdad indiscutible. Así, en lugar de estar dispuesto a modificar su opinión de acuerdo con los datos revelados por la experiencia, se vio constreñido a ajustar esos datos de un modo favorable a aquella opinión mediante interpretaciones todo lo violentas o arbitrarias que fuera menester.

La suposición del Almirante, pues, no sólo fue una hipótesis, no sólo una hipótesis *a priori*, sino una hipótesis incondicional o necesaria. Una opinión, pues, que se sustenta a sí misma en un centro que elude toda duda proveniente de la experiencia, y hemos de concluir, por consiguiente, que Colón postuló su hipótesis, no ya como una idea, sino como una *creencia*, y en ello consiste lo verdaderamente decisivo de su actitud.

Y no nos llamemos a engaño pensando que se trata de una explicación traída de los cabellos que nos obligue a aceptar algo tan inusitado como extravagante. Todo aquel que haya estado enamorado ha pasado por una situación parecida, porque, como lo saben sobre todo las mujeres, el amor implica una creencia ciega en todo lo que dice y hace la persona por quien se siente amor. De allí el profundo sentido que tiene la anécdota que relata Stendhal de aquella mujer que, sorprendida por su amante con otro hombre en situación sumamente comprometedora, se excusa negando el hecho. Y como el amante no se deja convencer en razón de lo que está presenciando, la mujer replica airada diciéndole en son de agravio: "Bien se nota que ya no me amas, puesto que prefieres creer lo que ves a lo que te digo." "Los hechos —dice Marcel Proust en un pasaje de su gran novela que parece escrito para ilustrar nuestro punto— no penetran en el mundo donde viven nuestras creencias, y puesto que no les dieron vida no las pueden matar; pueden estar desmintiéndolas constantemente sin debilitarlas, y un alud de desgracias o enfermedades que, una tras otra, padece una familia, no le hace dudar de la bondad de su Dios, ni de la pericia de su médico."

Tal, por consiguiente, la actitud de Colón: no sólo *piensa* que ha llegado al extremo oriental del *orbis terrarum*, sino que lo *cree*, y ahora, enterados de esa circunstancia, preguntemos de nuevo por la significación del viaje de 1492.

Si recordamos lo que tantas veces hemos expuesto anteriormente, o sea que las cosas no son nada en sí mismas, sino que su ser (no su existencia) depende del sentido que les concedemos —recuérdese el ejemplo del Sol y la Luna en los casos de los sistemas geocéntrico y heliocéntrico, respectivamente—, es claro que la actitud de Colón significa el haber dotado de un ser a las regiones que halló, el ser, en efecto, que les comunica la creencia, es decir, el de ser una parte de la Isla de la Tierra. Pero si esto es así, se puede concluir que el significado histórico y ontológico del viaje de 1492 consiste en que se atribuyó a las tierras que encontró Colón el sentido de pertenecer al *orbis terrarum*, dotándolas así con ese ser, mediante una hipótesis *a priori* e incondicional.

Queda establecido de ese modo y de acuerdo con las exigencias más estrictas de la interpretación histórica, el hecho inicial del proceso cuyo desarrollo vamos a reconstruir. No incurramos, entonces, en el equívoco que tradicionalmente han cometido los historiadores de considerar ese hecho como un error, sólo porque más tarde las mismas tierras quedarán dotadas de un ser distinto. Por lo contrario, aceptemos el hecho tal como nos lo entrega la historia, y sea ése nuestro punto de partida para ver de qué manera se va a pasar de un ser a otro, que en eso consiste, precisamente, lo que hemos llamado la invención de América.

V

Se concederá sin dificultad que el próximo paso consiste en explicar cómo fue recibida la creencia de Colón.

Si excluimos la actitud conformista de algunos, porque únicamente en la disidencia se apresa el nuevo desarrollo, el examen de los testimonios revela cierto escepticismo, tanto en la reacción oficial como en la científica. La claridad aconseja considerarlas por separado.

La actitud de la Corona está normada por un interés primordial: asegurar de hecho y de derecho los beneficios que pudiera reportarle el hallazgo de Colón. Así, en primer lugar, se preocupó por equipar y enviar lo más pronto posible una armada para organizar la colonia, iniciar su explotación y proseguir las exploraciones.[11] Estos objetivos de orden práctico se sobreponen en interés al problema geográfico y científico. Lo que importaba era que las tierras halladas resultaran tan provechosas como aseguraba el almirante, a quien, en este punto, se le concedía pleno crédito.

En segundo lugar, la Corona se preocupó con igual premura para obtener de la Santa Sede un título legal que amparara sus derechos. Aquí, también, la cuestión del ser de las tierras halladas no era primordial: lo importante era asegurar jurídicamente el señorío sobre ellas. Pero, como para obtener el título respectivo era forzoso precisar su objeto, la cancillería española se vio obligada a pronunciarse y expresar la opinión oficial acerca del problema que aquí interesa.

A primera vista no se advierte la dificultad: lo aconsejable, al parecer, sería respaldar la creencia del almirante. De hecho, eso hicieron los reyes en el primer impulso de entusiasmo, como se advierte por la felicitación que se apresuraron a enviarle a su regreso, reconociendo en él a su almirante, gobernador y virrey de "las islas que se han descubierto *en las Indias"*, es decir en Asia.[12] Pronto se reparó en el peligro de semejante admisión: Colón podía estar equivocado y en tal caso, un título legal amparando regiones asiáticas no protegería derechos sobre las tierras efectivamente halladas. Era necesario, pues, arbitrar una fórmula lo suficientemente amplia e indeterminada que incluyera el mayor número de posibilidades. Eso fue lo que se hizo.

En efecto, las tierras que había encontrado Colón fueron oficialmente definidas, a instancia y sugestión de la Corona, en la anfibológica fórmula empleada en la bula *Inter caetera* de 3 de mayo de 1493.[13] En este documento se las designa vagamente como 'islas y tierras firmes" ubicadas en "las partes occidentales del Mar Océano, hacia los Indios".[14] Se advierte que el espíritu de esta fórmula era no dejar fuera la posibilidad de que las tierras a que se refiere fueran asiáticas, pero para que quedara incluida sin lugar a duda faltaba precisar lo que debería entenderse por la indefinida expresión de "partes occidentales". A esta exigencia responden, primero, la famosa línea alejandrina, mal llamada de partición [15] y después, las negociaciones de Tordesillas,[16] y la célebre declaración contenida en la bula *Dudum siquidem* en que expresamente se incluyeron para España derechos sobre tierras insulares o continentales en Asia.[17]

En una palabra, por previsión política y por cautela jurídica, la Corona acabó mostrándose escéptica respecto a las afirmaciones de Colón. No que las rechazara como falsas; por lo contrario, debió considerarlas como probables, puesto que era lo que más deseaba, pero cabía la duda y en esto estriba el golfo respecto a la actitud del almirante: ya no se trata de una creencia.

VI

Veamos, ahora, cuál fue la reacción científica. El estudio de los documentos pertinentes revela que, en términos generales, los teóricos no le concedieron crédito incondicional al almirante,[18] como era natural si no se olvida que las premisas de su creencia eran discutibles y que no aportó pruebas empíricas suficientes en apoyo de ella. No es que se niegue que Colón haya logrado establecer contacto con la parte extrema oriental de la Isla de la Tierra y que, por consiguiente, haya aportado a regiones asiáticas, pero sí que se ponga en duda semejante hecho, porque nada obligaba a aceptarlo de una manera indiscutible. Fue Pedro Mártir quien mejor planteó la situación.

Desde la primera vez que el humanista se refiere al viaje de Colón, se advierte su escepticismo en el hecho de que se abstiene de todo intento de identificar las tierras halladas y se conforma con anunciar que el explorador había regresado de "los antípodas occidentales" donde encontró unas islas.[19] Eso es todo.

Poco después, Pedro Mártir precisa su posición inicial: estima que el viaje de Colón fue una "feliz hazaña", pero no porque admita que logró alcanzar, según pretende el navegante, el otro extremo de la Isla de la Tierra, sino porque de ese modo se empezaba a tener conocimiento de esa parte de la Tierra, comprendida entre el Quersoneso Áureo (hoy la Península de Malaca) y España, que ha permanecido oculta, dice, "desde el principio de la Creación" y que, por ese motivo, llama el "nuevo hemisferio".[20] El problema concreto acerca del ser de las tierras que halló Colón no parece, pues, inquietarle todavía.

Más tarde, Pedro Mártir ratifica su idea acerca de cuál es la verdadera importancia de la exploración y añade que hasta la rivalidad entre España y Portugal palidece ante el supremo objetivo de llegar a conocer la ignota mitad de la Tierra.[21] En esta ocasión, sin embargo, ya se refiere de un modo expreso a la creencia de Colón. Estima que es inaceptable, porque "la magnitud de la esfera parece indicar lo contrario", es decir, porque, a su juicio, la distancia recorrida es insuficiente para haber alcanzado el extremo oriental de la Isla de la Tierra; pero, a pesar de eso, no se atreve a negarlo decididamente, puesto que "no faltan quienes opinan que el litoral índico dista muy poco de las playas españolas".[22] Pedro Mártir conoce, pues, el dilema que existe acerca de la longitud del *orbis terrarum* y concede que Colón puede estar en lo justo.

En las *Décadas*,[23] el humanista insiste en su opinión, pero añade, primero, que Aristóteles y Séneca eran autoridades en favor de la relativa vecindad entre Asia y Europa; segundo, que la presencia de papagayos en las islas halladas por Colón es indicio favorable a la creencia del explorador; tercero, que, en cambio, era desacertada su idea de que la Isla Española (hoy Haití y Santo Domingo) era el Ofir mencionado en la Biblia, y cuarto, que las tierras que encontró Colón, bien podían ser "las Antillas y otras adyacentes", es decir, un archipiélago atlántico que nada tenía que ver con regiones asiáticas.[24]

Finalmente, como Pedro Mártir no pudo menos de pronunciarse respecto al problema del ser concreto de las tierras halladas a pesar de considerarlo de importancia secundaria, la fórmula de "nuevo hemisferio" que había empleado antes resultaba insatisfactoria, porque sólo aludía a una división geométrica de la tierra sin referencia a su sentido geográfico y moral. Ahora bien, fue en esta coyuntura cuando Pedro Mártir acuñó la famosa expresión *"novus orbis"* como fórmula adecuada para satisfacer a esa exigencia dentro del ambiente de duda que entonces reinaba al respecto.[25] En efecto, al insistir sobre el calificativo de "nuevo", sostuvo la idea de que se trataba de algo de que no se había tenido conocimiento antes; y en cuanto a la substitución de la palabra "hemisferio" por "orbe", en eso estriba su acierto, porque a la vez que logró mantener así la misma significación genérica y por lo tanto, el sentido fundamental que Pedro Mártir le concedía a la empresa, no dejaba de aludir, también, al contenido del ignoto hemisferio como un "mundo" en su acepción moral, pero sin prejuzgar acerca de si las tierras halladas formaban parte de un orbe distinto al *orbis terrarum* o si eran, como quería Colón, parte de éste. Por la ambigüedad que podía mantenerse con el calificativo de "nuevo", que sólo aludía al desconocimiento en que se estaba acerca de las tierras halladas, así como del hemisferio occidental, la fórmula fue un acierto extraordinario, y no es de sorprender, entonces, su éxito histórico, aunque esa circunstancia no ha dejado de provocar muchos equívocos.[26]

En resumen, este análisis de las ideas de Pedro Mártir muestra que, desde el punto de visto científico, la creencia de Colón suscitó una duda, no un rechazo y en esto coincide con la reacción política y jurídica de los círculos oficiales.

VII

Enterados del escepticismo con que fue recibida la creencia de Colón, procede ahora examinar el sentido que tiene desde el punto de vista de nuestra investigación.

Pues bien, si consideramos, en primer lugar, que esa creencia no fue lisa y llanamente rechazada fue por haber sido aceptada como mera hipótesis. Ahora bien, es obvio entonces, en segundo lugar, que se aceptaron asimismo los fundamentos en que se apoyaba, a saber: la imagen que previamente se tenía acerca del *orbis terrarum* como una isla cuya longitud hacía posible esa hipótesis. Al igual, pues, que en el caso personal de Colón, estamos en presencia de una hipótesis con fundamento *a priori*. Pero en tercer lugar, a diferencia de Colón, esta hipótesis no se acepta de un modo incondicional y necesario, porque la supuesta excesiva longitud de la Isla de la Tierra no se impone como una verdad indiscutible, sino meramente como una posibilidad. Podemos concluir, entonces, que la reacción oficial y científica consistió en postular la misma hipótesis de Colón, pero no ya como una creencia invulnerable a los datos empíricos, sino simplemente como una *idea* cuya verdad era posible en cierto grado de probabilidad, o para decirlo de otro modo, como una noción que puede ser modificada de acuerdo con la experiencia y, por lo tanto, condicional y sujeta a prueba.

El contraste respecto a la actitud de Colón, es, pues, enorme. Es el mismo que existe, por ejemplo, entre un hombre enamorado y su amigo a quien aquél le ha hecho el panegírico acerca de la fidelidad, elegancia y belleza de la mujer objeto de su amor. El amigo recibirá los desmesurados elogios con la natural reserva del indiferente, y advertirá que cuanto haga y diga esa mujer será deformado por su admirador en un sentido favorable a los intereses de su pasión, por más que ella, quizá, lo esté engañando o a pesar de que se arregle y vista con el peor gusto imaginable. Sin embargo, como lo contrario es posible, como bien puede acontecer que ella sea lo que de ella se dice y que reúna en sí tanta excelencia, el amigo aceptará cuanto se le ha confiado, pero bajo condición de averiguarlo por su cuenta. Le expresará al enamorado deseos de conocerla o lo que es lo mismo, en formas de cortesía le exigirá la prueba de su creencia.

Tal el diálogo inicial de nuestra historia. Por lo pronto los dos puntos de vista no entran en conflicto abierto, porque la actitud de la Corona y de los teóricos le admiten a Colón la posibilidad de acierto. Al almirante se le exige oro y se le piden pruebas, y él, encerrado en el mágico círculo de su creencia invulnerable, no duda de la satisfacción que dará a las demandas de los hombres de poca fe. Alegre, victorioso, confiado y colmado de favores y títulos, ya prepara la bella y poderosa flota que, como un Moisés marino, conducirá a la Tierra prometida.

Nuestro próximo paso será examinar en qué debe consistir concretamente la prueba que se le pide a Colón y cuáles pueden ser las consecuencias del éxito o del fracaso que tenga al respecto, es decir, qué es lo que está en juego, qué lo que se arriesga en este envite. Pero antes de dirigir la atención a estas importantes cuestiones, no estará de más hacer notar que, siendo los mismos los datos que se pueden encontrar en cualquier libro de historia sobre este asunto, la diferencia en el relato y en el resultado no puede ser mayor. Colón ya ha regresado a España y se han discutido ampliamente su hallazo y sus opiniones. Está a punto de emprender su segunda travesía y sin embargo aún no se ha descubierto ninguna América. ¿Por qué? Simple y sencillamente, porque América todavía no existe.

VIII

En la Segunda Parte de este libro, describimos el escenario cultural donde se desarrolló el drama que venimos reconstruyendo, y ahora hemos asistido a su primer acto. El escenario nos presenta una imagen estática y finita de un universo que, creado en perfección, está ya hecho y todo lo que en él existe de un modo inalterable. De un universo ajeno e irreductible, en el cual el hombre es huésped extraño, inquilino de una isla que no debiera existir, donde, prisionero, vive en eterna condición de siervo temeroso y agradecido. Pero he aquí que un hombre ha cruzado el Océano, hazaña cuyo sentido es, para la época, el de un viaje por el espacio cósmico. Afirma, es cierto, que, si bien desconocidas, las tierras que halló no son sino extremas regiones de esa misma isla que Dios, en su bondad, le asignó benévolo al género humano para su morada, ignorados aledaños, pues, de la misma cárcel. Bien, así debe ser. Pero y si, acaso, no fuera así. ¿Si, acaso, esas tierras pertenecieran a otra isla, a uno de esos "otros orbes" de que hablaron los paganos? ¿Qué serán, entonces, sus pobladores, esos hijos del Océano cuyo origen no puede vincularse al padre común de los hombres, y que, en todo caso, por su aislamiento, han quedado al margen de la Redención? Tal la angustia implicada en la duda que suscitó el hallazgo, pero, también la remota promesa de una posible brecha, de una escapatoria de la prisión milenaria. Mas, en tal caso, sería preciso alterar las nociones recibidas; concebir de otro modo la estructura del universo y la índole de su realidad; pensar de otro modo las relaciones con el Creador, y despertar a la idea de que otro es el lugar del hombre en el cosmos, otro el papel que está llamado a desempeñar que no el de siervo que un dogma rígido le ha enseñado a aceptar. Insinuamos apenas, así, la tremenda crisis que, todavía lejana, se perfila ya, sin embargo, en el horizonte de la situación que planteó la escéptica actitud con que fueron recibidas las opiniones del almirante. Y así empezamos a caer en la cuenta, no sólo de lo difícil que va a ser convencerse de lo contrario —y en esto estriba la gran fuerza de la tesis de Colón y el motivo de su apego a ella con tenacidad ejemplar hasta el día de su muerte—, sino del verdadero y más profundo sentido de esta historia de la invención de América que vamos contando. Porque en ella hemos de ver, como se verá, el primer episodio de la liberación del hombre de su antigua cárcel cósmica y de su multisecular servidumbre e impotencia, o si se prefiere, liberación de una arcaica manera de concebirse a sí mismo que ya había producido los frutos que estaba destinada a producir. No en balde, no casualmente, advino América al escenario como el país de la libertad y del futuro, y el hombre americano como el nuevo Adán de la cultura occidental.

Pero no anticipemos más de lo debido, y teniendo en mente esta perspectiva que apunta hacia el fondo de lo que está en juego en la prueba que se le pide a Colón, consideremos cuidadosamente, por su orden, estas tres cuestiones: qué debe probarse; cómo, y en qué puede consistir la prueba.

1. Se requiere que Colón pruebe su creencia, puesto que es él quien la afirma; es decir, que pruebe de algún modo que las tierras que halló pertenecen, como sostiene, al extremo oriental del *orbis terrarum*.

2. Mas ¿cómo puede probar esa circunstancia? La respuesta no ofrece duda: deberá mostrar de un modo inequívoco que por su situación, por su índole y por su configuración, las tierras halladas se acomodan a la idea e imagen que se tiene acerca de la Isla de la Tierra. Es decir, se le pide al almirante que acomode su creencia a los datos empíricos y no que ajuste éstos a aquélla. La demanda es justa, pero, bien visto, era mucho pedirle a un hombre que, según sabemos, no estaba en situación espiritual de satisfacerla. Equivale a pedirle a un hombre enamorado la prueba de los motivos

que inspiran su pasión y que él considera de suyo evidentes para todos, y que, por lo tanto, no sólo no requieren prueba, sino que no pueden probarse ante quien no los acepta de antemano. Para un hombre en semejante caso, la prueba de que su amante es bella o buena consiste en afirmar que es buena o bella, puesto que su amor la ha convertido en norma suprema de la bondad o de la belleza.

3. Pero, por último, ¿en qué puede consistir la prueba que bastaría para convencer a los escépticos? No es difícil ver que deberá reunir dos circunstancias. En efecto, el hecho de que hayan aparecido unas tierras en el lugar donde aparecieron, no basta por sí solo para probar que pertenecen al extremo oriental de la Isla de la Tierra, como piensa Colón, porque eso, precisamente, fue lo que despertó la duda. Será preciso, entonces, mostrar, en primer lugar, que no se trata meramente de un archipiélago, sino de una extensa masa de tierra como corresponde al litoral del *orbis terrarum*. Era, pues, necesario mostrar o que los litorales reconocidos por Colón respondían a esa exigencia, según él mismo creía,[27] o que al poniente de las islas halladas se localizara, vecina a ellas, esa extensa masa de tierra.

El cumplimiento de ese requisito no sería, sin embargo, suficiente, porque, en segundo lugar, los litorales de la masa de tierra tendrían que exhibir algún rasgo que los identificara con los de la Isla de la Tierra, o más concretamente dicho, con los litorales de Asia. Ahora bien, del cúmulo posible de tales indicios, en esa época solamente uno era inequívoco, a saber: la existencia del paso marítimo que empleó Marco Polo en su viaje de regreso a Europa, es decir, el lugar donde terminaba el extremo meridional de las costas orientales de Asia y donde, por lo tanto, mezclaban sus aguas los océanos Atlántico e Índico. El paso, en suma, que le daría acceso a la India a un viajero que viniera de Europa por la ruta de occidente. No olvidemos, para tenerlo presente más adelante, que la localización de ese paso podía ofrecer una disyuntiva, según se aceptara una de las dos posibilidades que existían acerca del particular de acuerdo con las tesis de la península única o de la península adicional.[28]

LÁMINA I. Diagramas para ilustrar la concepción tolemaica-cristiana del universo. Muestran la esfera de las zonas celeste y elemental y la esfera de la zona infernal alojada dentro de la Tierra. Galluci, Juan Pablo. *Theatrum mundi.* Venecia, 1589.

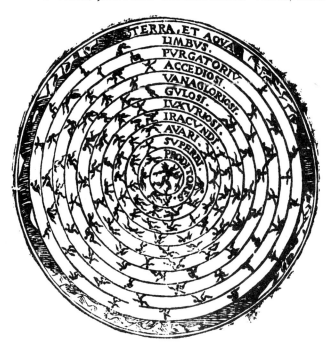

LÁMINA II. Mapa de Macrobio. Ilustra la hipótesis de la existencia en el hemisferio meridional de una enorme masa de tierra antípoda. Teodosio Macrobio. "Mapamundi" en su *In Somnium Scipionis expositio.* Brescia, 1483.

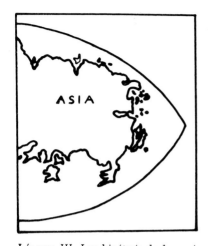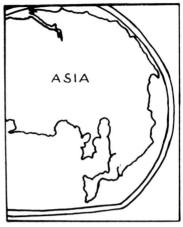

LÁMINA III. Las hipótesis de la península única y de la península adicional.
a. *Mapamundi anónimo genovés*, 1457. Península única.
b. *Mapamundi Henricus Martellus Germanus*, 1489-1492. Dos penínsulas.

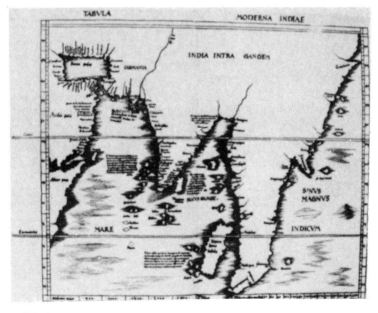

c. Waldseemüller, *Moderna Indiae* en el *Tolomeo* de 1513. Península única.

d. *Orbis typus universalis* en el *Tolomeo* de 1513 (atribuido a Waldseemüller). Dos penínsulas.

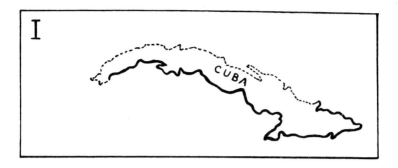

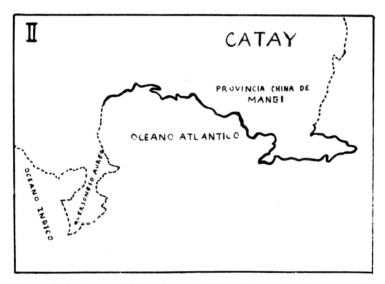

LÁMINA IV. Diseños del litoral sur de Cuba. Ilustran las ideas geográficas de Cristóbal Colón después de haber recorrido esos litorales en su segundo viaje. (I: Línea continua, litorales explorados por Colón; línea quebrada, litorales insospechados por Colón. II: Línea continua, litorales explorados por Colón; línea quebrada, litorales imaginarios como los sospechados por Colón.)

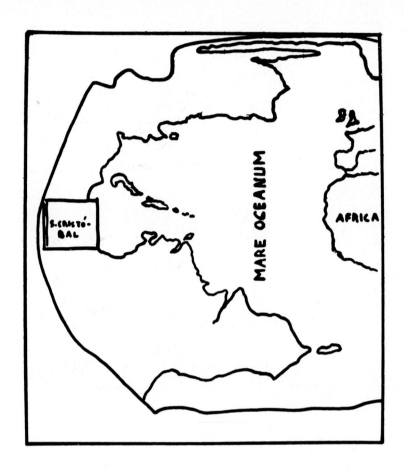

LÁMINA V. Esquema de la porción occidental del planisferio manuscrito de Juan de la Cosa, 1500. Ilustra la hipótesis que identifica con la península asiática las tierras nuevamente halladas.

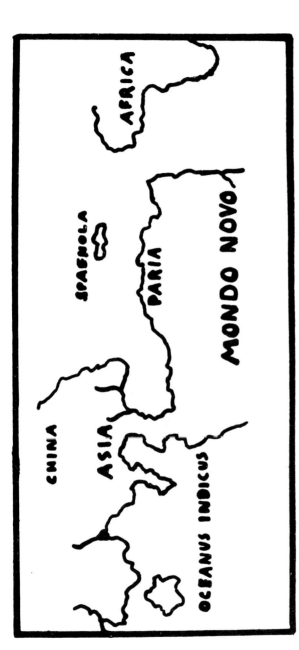

LÁMINA VI. Esquema de la composición de los croquis de Bartolomé Colón, 1503-1506. Ilustra las ideas geográficas de Cristóbal Colón.

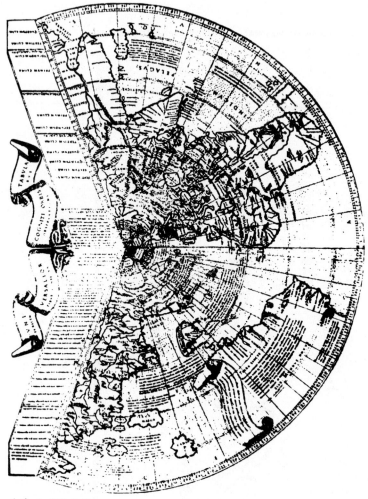

LÁMINA VII. Joannes Ru-
ysch, *Universalior cogniti Orbis. Tabula*... En el To-
lomeo, *Geographia*, Roma,
1508. Las tierras australes
nuevamente halladas aparecen como un *orbis alterius*.

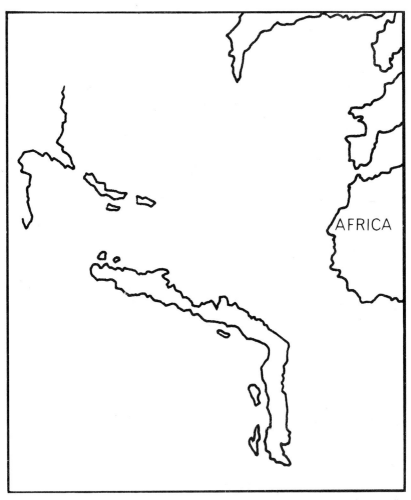

LÁMINA VIII. Esquema de la porción occidental del *Mapa* de Nicolo Caneiro Januensis, *ca.* 1502. Las tierras nuevamente halladas aparecen como dos grandes islas en el Océano.

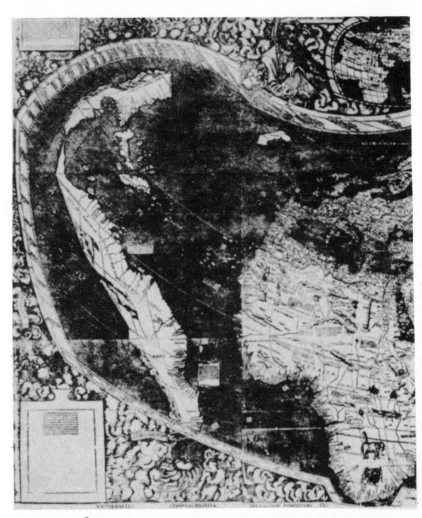

LÁMINA IXa. Planisferio de Martín Waldseemüller. *Universalis Cosmographia secundum Ptholomaei traditionem et Americi Vespucii aliorumque lustrationes,* 1507. Las tierras nuevamente halladas como la cuarta parte del mundo. (El continente americano con un estrecho de mar entre las masas septentrional y meridional de tierra.)

LÁMINA IXb. Esquema de la sección del encabezamiento del mismo planisferio. (Muestra el continente de América sin solución de continuidad.)

Lámina X. Planisferio de Abraham Ortelio, *Typus Orbis Terrarum, ab Ortelius describ. cum privilegio decennali,* 1590. Muestra los océanos circundados por inmensas e hipotéticas masas de tierras septentrionales y meridionales.

En conclusión y para que esto quede enteramente claro, la prueba requerida para salir de la duda consistía en mostrar, primero, la existencia de una masa considerable de tierra en la vecindad de las regiones halladas en 1492 y segundo, en localizar el paso marítimo que permitiera entrar al Océano Índico. Si se mostraban ambas cosas, la afirmación de Colón se convertiría en una verdad empíricamente comprobada; si no se mostraban, ya hemos apuntado las tremendas consecuencias que podían resultar.

Este planteamiento de la situación nos proporciona el esquema fundamental para comprender el significado de las exploraciones que se emprendieron inmediatamente después del viaje de 1492. Pasemos a estudiar esos sucesos, pero siempre tratando de imaginar las expectativas que había en torno a sus resultados.

IX

Por su fecha —la flota partió de Cádiz el 25 de septiembre de 1493— corresponde el primer lugar al segundo viaje de Colón.[29]

Desde el punto de vista político y mercantil, la expedición resultó ser un terrible desengaño: el almirante no pudo, como no podía, cumplir lo que su exaltada imaginación había prometido. Los indígenas no eran los dóciles vasallos que había dicho, puesto que, fuere la culpa de quien fuere, habían asesinado en masa a la guarnición cristiana que dejó el almirante en Navidad; pero, además, el oro tan codiciado no aparecía por ningún lado. Por otra parte, las incursiones punitivas y predatorias que asolaron el interior de la Isla Española sirvieron, entre otras cosas, para desengañar a Colón respecto a la identidad de la isla con la famosa Cipango (Japón).[30] Todo esto y otras adversidades motivaron un descontento general que se tradujo de inmediato en sorda hostilidad contra el almirante y en un creciente desprestigio de la empresa.

Pero lo verdaderamente decisivo para nosotros fue el resultado del reconocimiento del litoral sur de esa comarca que los naturales llamaban "Tierra de Cuba" y que, desde el viaje anterior, Colón sospechó ser parte de la tierra firme de Asia. El objeto primordial de la exploración era confirmar esa sospecha para salir de la duda acerca de si era o no una isla.[31] Tras un penoso y largo recorrido costero que reveló muchas extrañezas de naturaleza y otras peculiaridades que Colón no tardó en interpretar como indicios fehacientes de la índole asiática de la tierra, la flota vino a surgir a un lugar donde la costa modificaba su dirección hacia el poniente para desviarse hacia el sur.[32] Como a hombre ya persuadido de la verdad que, no obstante, está obligado a probar, a Colón le bastó esa circunstancia para convencerse que en ese punto se iniciaba la costa del litoral atlántico del Quersoneso Áureo (la Península de Malaca) y que, por consiguiente, la flota había recorrido la costa sur de Mangi, la provincia meridional de China. (*Lámina III.*) A su juicio, pues, se habían llenado los dos requisitos de la prueba que se le exigía. En efecto, había topado con la masa continental de la Isla de la Tierra, y si, ciertamente, no había navegado por el paso marítimo que daba acceso al Océano Índico, lo había localizado, en principio, puesto que logró alcanzar la costa de la península a cuyo extremo se encontraba dicho paso.

Pero hacía falta algo más que su convicción personal para callar a los incrédulos en España, y como nada de lo que podía mostrar era bastante para ese efecto, Colón tuvo la peregrina ocurrencia de arbitrar un instrumento jurídico como testimonio probatorio.[33] Ante escribano público y testigos de asistencia, hizo que todos los tripulantes de la armada declararan bajo juramento y so pena de terribles castigos corporales y crecidas multas, que la costa que habían explorado no podía ser la de una isla, porque era inconcebible que la hubiera tan grande; pero, además, los obligó a suscribir la optimista ilusión de que "antes de muchas leguas, navegando por la dicha costa (es decir, la que Colón tenía por ser la del Quersoneso Áureo), se hallaría tierra donde tratan gente política, y que saben el mundo". El deseo de regresar

cuanto antes fue, sin duda, el motivo que indujo a todos a
firmar tan extraordinario documento, y tanto más cuanto
que Colón anunció que tenía el proyecto de continuar el viaje y circunnavegar el globo, lo que, dada la lamentable condición de los navíos y la falta de alimento, debió meterles
a todos el pavor en los cuerpos.[34]

El regreso fue penosísimo. Después de incontables peligros, la flota surgió en Jamaica, circunnavegó la isla, y de
allí, pasó a la costa meridional de la Española. Al llegar a su
cabo más oriental, Colón anunció su intención de cruzar a la
Isla de San Juan (Puerto Rico) que había reconocido cuando venía de España, con el deseo de cosechar esclavos, pero
se lo impidió una que el padre Las Casas llama "modorra
pestilencial".[35] Averígüese qué sea eso en jerga médica de
nuestros días. Lo cierto es que el almirante se halló a las
puertas de la muerte y así lo llevaron a la Villa de la Isabela,
donde ancló la flota el 29 de septiembre de 1494. Allí lo
esperaba la alegría y apoyo de su hermano Bartolomé, pero
también le aguardaba el desastre en la colonia, la rebelión, el
hambre y el primer ceño de los reyes que se manifestó visible en la persona de aquel Juan Aguado (llegó a la Isabela
en octubre de 1495), el comisionado que enviaron para es-
piar su conducta.

x

Las promesas de Colón habían resultado ser un falso señue-
lo. Las esperanzas de oro cosechable como fruta madura se
reducían al aleatorio futuro de unas minas que requerían
sudor y privaciones. El suave clima y la perfumada templanza de los aires cobraron en vidas de cristianos su pestífero
engaño. Huracanes diabólicos sembraron naufragios. La so-
ñada concordia que iba a presidir en la fundación y vida de
la nueva colonia se tradujo en odio, prevaricato y disidencia,
y los mansos e inocentes pobladores naturales de aquel ficti-
cio paraíso, supuestos amigos de los cristianos y amantísimos

vasallos, mostraron su índole bestial: gente perezosa y proterva, buena para asesinar si se ofrecía la ocasión; mala para laborar y cubrir tributos. Adoradores encubiertos de Satanás, o al menos dóciles instrumentos de sus aviesos designios, la beata imagen de la edad de oro rediviva se transmutó, al conjuro del desengaño, en edad de hierro en que dominaba la creciente convicción de que aquellos desnudos hijos del Océano formaban parte del vasto imperio de la barbarie, el señorío, confesado o no, del príncipe de las tinieblas, el enemigo del hombre. Un profundo escepticismo invadía a la empresa que a muchos pareció loco y peligroso sueño que acarrearía la ruina de España.[36] Precisaba atajar el mal, y Colón, con su tenacidad característica y sostenido por la verdad de su creencia, le metió el hombro a la ingrata tarea.[37]

Es obvio, sin embargo, que pese a tantos rumores de malquerencia como se desataron entonces, era ya difícil, si no imposible, retroceder en un asunto en que andaba tan comprometido el prestigio político y religioso de la corona de España. Los reyes, por otra parte, siguieron favoreciendo a su almirante,[38] pero aprendieron, eso sí, que el carácter y extranjería de Colón eran semillero de discordia y que no era hombre para confiarle oficios de gobierno y administración. Se aceptaron, pues, con rara tolerancia el desastre y el desengaño, pero no sin que la Corona adoptara un cambio de actitud de mucha consecuencia. En efecto, abatidas las primeras delirantes expectativas, se comprendió que el régimen de monopolio oficial establecido a raíz del viaje de 1492 para beneficiar de los supuestos tesoros que el cielo le había enviado a España, era más de carga que de provecho, dadas las condiciones que imponía la realidad de las tierras halladas. La exploración, explotación y colonización quedaron abiertas, pues, al mejor postor y a la codicia de quien se sintiera tentado a probar fortuna.[39] Esta mudanza, que acarreó consecuencias de enorme alcance al imprimir su huella en la estructura política y administrativa del imperio cuyos cimientos se echaban por entonces, provocó de inmediato una inusitada aceleración del desarrollo del proceso que vamos examinando.

En cuanto al problema que nos atañe directamente no faltaron quienes, sin mucha muestra de juicio crítico, aceptaron como buena la "prueba" aportada por Colón en favor de su creencia inicial. Concretamente, Andrés Bernáldez quedó convencido de que la Tierra de Cuba formaba parte de Asia, según pretendía el almirante; [40] pero lo cierto es que, en términos generales, no se siguió ese ejemplo.

Miguel de Cuneo, el amigo personal de Colón y compañero suyo en el viaje, se muestra incrédulo. Al final de su animado relato de la exploración nos da la noticia de que, ya de regreso en la Española, el almirante disputaba con frecuencia con un cierto abad de Lucerna, hombre sabio y rico, por no poder convencerlo de que la Tierra de Cuba era parte de Asia. Añade Cuneo que él y muchos otros pensaban lo mismo que aquel necio abad.[41] Se desconocen el pro y contra de los argumentos, pero es obvio que la base de la "prueba" aducida por Colón, es decir, la inusitada longitud de la costa de Cuba no se aceptó como indicio suficiente contra su insularidad.

Tampoco Pedro Mártir se dejó seducir. Con su acostumbrada cautela, el humanista se limitó a informar a sus corresponsales sobre el viaje. Se advierte, sin embargo, que lo impresionó, no tanto la identificación con Asia, cuanto la seguridad con que Colón sostenía que la costa explorada pertenecía a una tierra firme y no a una isla más como las otras que se habían encontrado.[42] Muestra así Pedro Mártir una profunda conciencia del verdadero problema que se ventilaba, porque se ve que distingue entre la posibilidad real y sorprendente de que existiera semejante masa de tierra en esas partes del Océano y la implicación de que necesariamente había de tratarse de la Isla de la Tierra. El asunto, sin embargo, le parece todavía demasiado dudoso y toma el partido de refugiarse en la hipótesis que, evidentemente, era la más segura: la de suponer que todas aquellas tierras, Cuba incluso, eran insulares, bien que ya no insiste en la sugestión previa de identificarlas con el archipiélago de Antilla.[43]

Puede concluirse, entonces, que este segundo viaje de Colón tiene el sentido de ser un primer intento de aportar la prueba que se requería para demostrar que había logrado establecer la conexión entre Europa y Asia por la ruta de occidente; pero un intento fracasado. Tiene, además, el interés particular de mostrar que Colón aceptaba como correcta la tesis que hemos llamado de la península única como visión verdadera de los litorales atlánticos de Asia. Tengamos presente esta determinación decisiva para entender su tercer viaje y el problema que plantearon sus resultados.

XI

Cuando en 1496 regresó Colón a España, todavía nada se sabía de fijo acerca de la existencia de una tierra de masa comparable al *orbis terrarum* en los parajes vecinos al primer hallazgo de 1492. Al año siguiente se emprendieron, aprovechando la nueva actitud de la Corona, varias exploraciones que decidieron el punto en sentido afirmativo.[44] Se supo, en efecto, que al poniente de las islas encontradas por el almirante yacía una gran masa de tierra. Este importantísimo hecho favorecía la creencia de Colón, porque llenaba el primer requisito exigido por la prueba, de manera que la hipótesis de que se trataba del extremo oriental de la Isla de la Tierra no sólo parecía posible, como hasta entonces, sino como probable. Esas regiones habitadas por hombres ¿qué otra cosa podían ser, en efecto, sino los litorales desconocidos, pero ya sabidos del *orbis terrarum?* Colón, es cierto, seguía en las suyas respecto a que la Tierra de Cuba no era una isla adyacente a esos litorales, sino parte de ellos;[45] pero, dentro del cuadro general del problema, esta opinión cada vez más solitaria dejó de tener importancia verdadera, porque se trataba de una modalidad de un mismo y fundamental hecho. Se advierte, entonces, que todo el peso de la duda va a gravitar en lo sucesivo en el segundo requisito de la prueba: la localización de aquel paso marítimo que daría acceso al Océano Índico y a las riquezas de las regiones que ya estaban en posibilidad de caer en manos de los portugueses.[46] Así pues, independientemente de si Cuba era o no lo que suponía Colón, lo decisivo era encontrar aquel paso, el cual, de acuerdo con la imagen que él y muchos tenían de los litorales de Asia, debía estar en las inmediaciones de la línea ecuatorial, puesto que por esas latitudes terminaba la península del Quersoneso Áureo.[47] Tal, por consiguiente, el próximo paso exigido por la lógica de la prueba; tal, en efecto, lo que Colón pretendió hacer en su siguiente viaje. Pero todo se complicó enormemente, como veremos, por la inesperada aparición de una masa de tierra austral que sembró el desconcierto.

XII

Para su tercer viaje (la flota zarpó de Sanlúcar de Barrameda, el 30 de mayo de 1498) Colón se formó el proyecto de navegar hacia el sur hasta alcanzar regiones ecuatoriales y proseguir en derechura al poniente.[48] Pretendía, primero, ver si topaba con una tierra que decía el rey de Portugal se hallaría en ese camino,[49] y segundo, establecer contacto con los litorales de Asia y buscar el paso al Océano Índico que, según la imagen que tenía de ellos, estaría por esas latitudes. Pero la realidad le reservaba una sorpresa desconcertante.

Después de alcanzar aproximadamente el paralelo 9° de latitud norte y recorrerlo en dirección del oeste sin haber encontrado la tierra augurada por el monarca lusitano, aportó a una isla densamente poblada por gente de mejor hechura y más blanca de la que había encontrado hasta entonces. Llamó a esa isla La Trinidad —nombre que ha conservado hasta nuestros días—, y calculó correctamente que se hallaba al sur de la ringlera de las islas de los caníbales que habían reconocido en su viaje anterior.

Colón pensó que estaba en un archipiélago adyacente al extremo meridional del *orbis terrarum*, o más concretamente dicho, vecino a las costas del Quersoneso Áureo (Península de Malaca) que, para él empezaban a formarse a la altura de la Tierra de Cuba; pronto, sin embargo, los marineros advirtieron un extraño fenómeno que sembró el desconcierto en el ánimo del almirante. En efecto, el golfo donde había penetrado la flota (hoy Golfo de Paria en Venezuela) era de agua dulce, circunstancia que requería la presencia de caudalosos ríos e indicaba, por consiguiente, una enorme extensión de tierra. Parecía obligado a concluir, entonces, que aquel golfo no estaba formado por los litorales de un apretado grupo de islas, como suponía Colón, sino por la costa de una tierra de magnitud continental. En un principio el almirante se resistió a aceptar esa obvia inferencia que amenazaba la validez de sus ideas preconcebidas; pero como la exploración posterior no favoreció la duda, se vio obligado a reconocer su equívoco inicial. Se acordó entonces de las noticias que le habían dado los caribes acerca de la existencia de grandes tierras al sur de las suyas y acabó por convencerse de lo inevitable: la flota había aportado, no a un archipiélago vecino al paso al Océano Índico, sino a una tierra firme.[50]

Para Colón, hombre de su tiempo y habituado a razonar a base de autoridades, surgió de inmediato la dificultad de explicar, primero, cómo era posible que hubiera semejante tierra en el hemisferio sur que, según las ideas más comunes de entonces, no estaba ocupado sino por el Océano,[51] y segundo, cómo era posible que se careciera de noticias acerca de ella.

Por lo que se refiere al primer punto, Colón recurrió a la tesis elaborada en el siglo XIII, principalmente sostenida por Rogerio Bacon y que él conocía a través del cardenal d'Ailly,[52] según la cual, se recordará, se suponía que la tierra seca ocupaba seis séptimas partes de la superficie del globo, contra una que congregaba a todos los mares, de acuerdo con la autoridad del *Libro de Esdras*. Era, pues, posible aceptar la noción de que los litorales hallados pertenecían a una gran masa austral de tierra firme. En cuanto a que no se hubiere tenido noticia alguna acerca de su existencia, Colón recuerda que, según dice, "muy poco ha que no se sabía otra tierra más de la que Tolomeo escribió",[53] de manera que nada de sorprendente tenía aquella circunstancia. Lo que sí es sorprendente, sin embargo, es que Colón no hubiere invocado en este lugar sus conocimientos de la geografía de Marco Polo que vino a aumentar y corregir, según él bien sabía, las nociones de Tolomeo. Pero es que, precisamente, la tierra nuevamente hallada no parecía acomodarse bien a ellos, y en eso consistía el verdadero problema del hallazgo. ¿Cómo, en efecto, ajustar tan inesperada experiencia a la imagen geográfica que le venía sirviendo a Colón de esquema fundamental y que estaba basado, justamente, en el relato polano? ¿Qué relación podía guardar con el *orbis terrarum* esta inusitada extensión de tierra?

El problema es más complicado de lo que parece. Conviene hacernos cargo debidamente de él.

De acuerdo con la tesis invocada por Colón, se podía explicar la existencia de la tierra recién hallada, pero nótese que el argumento supone la continuidad de esos litorales con los de Cuba, que el almirante concebía como pertenecientes a la tierra firme de Asia. En efecto, la tesis se basaba, precisamente en afirmar la unidad geográfica de toda la tierra no sumergida, o sea que la Isla de la Tierra era la que ocupaba las seis séptimas partes de la superficie del globo. Pero resultaba, entonces, que ya no existiría donde suponía Colón el paso marítimo al Océano Índico, y toda su idea de que en Cuba empezaba la costa del Quersoneso Áureo se venía abajo, puesto que en lugar de esa península había esta nueva inusitada tierra austral.

Por otra parte, si se suponía, para salvar ese esquema, que la tierra firme recién hallada, llamada Paria por los naturales, era una isla austral comparable al *orbis terrarum* y situada al sureste del extremo del Quersoneso Áureo, entonces la tesis invocada por Colón no venía realmente a explicar su existencia, porque ya no se trataba de regiones de la Isla de la Tierra, sino de uno de esos *orbis alterius* mencionados por los paganos, pero rechazados por los padres de la Iglesia y por las doctrinas escolásticas más modernas [54] y que, por estar habitado, involucraba las dificultades antropológicas y problemas religiosos que hemos explicado.

Ante esta coyuntura Colón no sabe realmente cómo determinarse, y por eso, a pesar de que antes afirmó su persuasión de que la tierra hallada tenía magnitud continental, se refugia, poco después en una cláusula condicional que acusa su desconcierto.[55] Todo el problema provenía de la necesidad de explicar aquel golfo de agua dulce que requería la presencia de inmensas tierras capaces de generar caudalosos ríos. ¿No habría otro modo de dar cuenta del fenómeno? Las observaciones que, en este momento, inserta Colón en su *Diario* acerca de la variación de la aguja, de la asombrosa templanza del aire y de la buena hechura y color de los naturales habitantes de Paria, nos previenen que el almirante cogitaba alguna explicación que le resultara más satisfactoria, y en efecto, cuando ya iba en mar abierto en su recorrido de regreso en demanda de la Isla Española, le confió a su Diario una extraordinaria disyuntiva: o aquella tierra de donde venía es "gran tierra firme" o es, dice, "adonde está el Paraíso Terrenal" que según común opinión "está en fin de oriente", la región donde él había estado.[56]

Hagamos un alto para permitirle a Colón que medite y madure tan alucinante posibilidad como era la de haber localizado, por fin, el Paraíso Terrenal, problema que tantos teólogos y geógrafos cristianos habían tratado de resolver en vano.[57] El almirante ha regresado (día último de agosto de 1495) a Santo Domingo, la nueva capital de la Española. Eran muchos los enojos que allí le aguardaban, pero también urgía dar cuenta a los soberanos del resultado de su viaje. El día 18 de octubre les despachó una carta con el resultado de sus especulaciones.[58] No es fácil determinar con precisión lo que pensó, pero es necesario intentarlo al auxilio de documentos posteriores.

XIII

O era tierra firme grandísima la que había hallado o era donde estaba el Paraíso Terrenal. He aquí la disyuntiva que preocupaba a Colón cuando desembarcó en Santo Domingo. Hagámonos cargo, primero, de lo que significó ese dilema.

Pues bien, el motivo que obligaba a Colón a pensar que se trataba de una tierra firme de gran extensión era, ya lo sabemos, la necesidad de explicar el golfo de agua dulce como resultado de algún gran río que tendría en él su desembocadura. Y si no se conformó lisa y llanamente con esa inferencia es por las dificultades que, según vimos, atendían por igual la idea de que esa tierra firme estuviera unida a Asia, o la de que estuviera separada. Si, pues, se le ocurrió a Colón como disyuntiva que había estado en la región donde se hallaba el Paraíso Terrenal, fue porque de ese modo le pareció que podría salir del aprieto, puesto que ya no había necesidad de explicar el golfo de agua dulce como efecto de un gran río engendrado en una inmensa extensión de tierra. En efecto, en el Paraíso Terrenal existía una fuente de donde, al decir de las autoridades más aprobadas, procedían los cuatro grandes ríos del *orbis terrarum*. ¿No sería, entonces, que de esa misma fuente procedía el caudal de agua que formaba aquel golfo? Esta posibilidad debió ilusionar tanto a Colón, no sólo porque encuadraba admirablemente con su manera de pensar y su creciente convicción de ser un mensajero de Dios, sino por el lustre que tal hallazgo le prestaba a su empresa, que no se percató de la extravagancia de la idea, ni, por lo pronto, de las nuevas dificultades que implicaba. Pero era necesario mostrar cómo era posible y aun probable esa ocurrencia, y a este propósito va encaminada principalmente la carta a los soberanos.

La carta empieza por un preámbulo dedicado a defender la empresa contra los maldicientes empeñados en desacreditarla. Esta parte inicial de la epístola es una reproducción casi literal de un pasaje del *Diario*, y tiene el interés de que Colón emplea aquí, por segunda vez, el concepto de "otro mundo" para calificar el conjunto de las tierras que, por su industria y trabajos, se habían puesto bajo la soberanía de España.[59] También es interesante en cuanto que Colón ratifica su creencia de ser Cuba una parte de Asia.[60]

Viene, en seguida, el relato del viaje y de la exploración, y llegado el momento en que cuenta cómo pudo salir de aquel golfo de agua dulce que tanto le preocupaba, el almirante inicia la fundamentación teórica de su hipótesis del Paraíso Terrenal.

No es del caso entrar en los fatigosos detalles. He aquí lo esencial del argumento: el globo terrestre, piensa Colón, no es una esfera perfecta; por lo contrario, su forma es la de una pera o de una pelota que tuviera una protuberancia como un seno de mujer cuyo pezón estaría bajo la línea ecuatorial en el "fin de oriente", dice, y que es, aclara, donde termina la tierra y sus islas adyacentes. Es decir, en el extremo oriental de la Isla de la Tierra. En la cúspide de ese gran monte o seno, cuyo alzamiento es muy paulatino, puesto que se inicia en pleno océano a una distancia de cien leguas de las Azores, se halla el Paraíso Terrenal.[61] Sentadas estas premisas, la conclusión era obvia: como la Tierra de Paria estaba "en fin de oriente", era vecina al ecuador y mostraba las cualidades de la región más noble de la Tierra, y como, por otra parte, las observaciones celestes revelaban que la flota había navegado cuesta arriba a partir del meridiano marcado por aquellas cien leguas de las Azores, parecía natural pensar que el agua dulce que producía aquel golfo procediera del Paraíso. Cierto que él, Colón, no pretendía que se pudiese llegar hasta ese jardín prohibido, el cual, probablemente, estaba aún lejos de los litorales que exploró; pero ¿no era, acaso, de tomarse en cuenta su hipótesis?

A medida que progresa el almirante en su argumentación, se advierte más su deseo de convencerse que su convencimiento efectivo, y es que, me parece, se dio cuenta de que la hipótesis no solucionaba el problema, por la sencilla razón de que implicaba, al igual que la hipótesis de un río, una extensión considerabe de tierra. En efecto, si se toma en cuenta que, según propia admisión del almirante, el Paraíso estaba lejos del golfo de agua dulce y que, por otra parte, tenía que ser muy grande, puesto que fue hecho para alojar al género humano,[62] se acaba por postular una extensa tierra firme, que era, precisamente, la consecuencia que se quería evitar con la nueva hipótesis.

Si Colón tuvo conciencia de este reparo, lo cierto es que no lo expresa. Puede suponerse, sin embargo, que algo así

debió tener en mente puesto que, en lugar de concluir afirmando lo que tanto se había empeñado en demostrar, acaba
por quedarse en la misma disyuntiva de donde partió. Cree
que la tierra que halló "es grandísima, y haya otras muchas
en el austro, de que jamás se hubo noticia"; cree, también,
que del Paraíso "pueda salir" el agua, bien que de lejos, y
venga a formar aquel golfo,[63] y otra vez repite los argumentos
de la tesis de ser mucha más la tierra seca que la sumergida
por el Océano, y todo para terminar en la misma cláusula
condicional y dubitativa de que "si no procede (el agua dulce
del golfo) del Paraíso, procede de un río que procede de tierra infinita del austro, de la cual hasta ahora no se ha
habido noticia". Sin embargo, añade, "yo muy asentado tengo en el ánima que allí, adonde dije, es el Paraíso Terrenal".[64]

Ya se ve, en lugar de dirimir la disyuntiva que él mismo
se planteó, Colón acabó aceptando sus dos extremos. Hasta
este momento, para Colón, los litorales que halló en su tercer
viaje pertenecen a una extensa tierra firme austral, ya sea
que el agua que produce aquel golfo provenga de un río,
lo que admite que puede ser, ya de la fuente del Paraíso, que
es lo que le gustaría.

Pero, ¿qué pensar del verdadero problema que el almirante
ha dejado intacto? ¿Supone Colón que esa gran tierra austral
está o no está unida al continente asiático?

XIV

Para tratar de resolver este problema decisivo es necesario
recurrir a otras tres cartas de Colón. Examinemos esos testimonios por su orden.

En una carta al rey católico de *ca.* 18 de octubre de 1498,[65]
el almirante alude a la tierra que encontró en su tercer viaje y
dice que debe creerse que es extensísima, y más adelante hace
el inventario de cuanto él había puesto bajo el señorío de
España por sus trabajos e industria. Hélo aquí: la isla Española, Jamaica, setecientas islas y una gran parte, dice, "de

la tierra firme, de los antiguos muy conocida y no ignota, como quieren decir los envidiosos o ignorantes". Alude, claro está, a las costas de Asia que según él había recorrido en su segundo viaje. Pero, además, muchas otras islas en el camino de la Española a España, y ahora, debe añadirse, esta otra tierra grandísima recién hallada que "es de tanta excelencia".[66]

El texto no nos saca de dudas, pero sí parece indicar que Colón piensa en esa tierra como algo distinto y separado de la otra tierra firme que declara fue muy conocida de los antiguos, es decir de Asia.

De finales de 1500 tenemos una carta que Colón dirigió a doña Juana de la Torre, el ama que había sido del príncipe don Juan, escrita probablemente en la carabela que conducía al almirante de regreso a España.[67] Citando previamente a San Juan y a Isaías que hablan de un "cielo nuevo y una nueva tierra",[68] el almirante se concibe a sí mismo como el mensajero elegido por Dios para revelarlos, puesto que, según él, eso fue lo que hizo en sus dos primeros viajes. Añade que después emprendió "viaje nuevo al nuevo cielo y mundo, que hasta entonces estaba en oculto" y aclara que si esta hazaña suya no se tiene en estima en España "como los otros dos (viajes) a las Indias", no debe sorprender, puesto que todo lo suyo era menospreciado.

De este documento aparece con bastante claridad que Colón distingue la tierra hallada en el tercer viaje de las que encontró en los anteriores, que expresamente califica de viajes a las Indias (es decir, a Asia), mientras que a aquél lo identifica como un viaje a un "nuevo mundo" que hasta entonces estaba oculto.[69] Parece, pues, que concibe a la Tierra de Paria como algo separado y distinto del *orbis terrarum*.

Por último, en su carta al Papa de febrero de 1502,[70] Colón hace de nuevo el inventario de lo que España le debe. En los dos primeros viajes halló mil cuatrocientas islas, trescientas treinta y tres leguas "de la tierra-firme de Asia", otras muchas grandes y famosas islas al oriente de la Española que es, dice, "Tarsis, es Cethia, es Ofir y Ophaz e Cipango", y en el tercer viaje halló "tierras infinitísimas" y creí y creo, dice, "que allí en la comarca es el Paraíso Terrenal".

En esta ocasión el distingo entre la tierra firme hallada en los dos primeros viajes, que expresamente identifica con Asia, y la encontrada en el tercero es más claro, de suerte que estos tres testimonios parecen suficientes para concluir que, poco después de haber escrito Colón su famosa carta en que expuso la hipótesis del Paraíso, se convenció de que había hallado una tierra de magnitud continental que ocupaba parte del hemisferio norte y que se extendía hacia el hemisferio sur, situada al sureste del Quersoneso Áureo y separada de Asia. En suma, que había hallado un orbe austral comparable al *orbis terrarum*, habitable y habitado como éste, y que, por añadidura, contenía el Paraíso Terrenal. Un orbe al cual, bien que incidental, pero no casualmente calificó como un nuevo mundo.

XV

Dada la obvia importancia que reviste la conclusión a que llegó al almirante, es necesario esforzarnos por entender su alcance y sentido. Para ello hace falta aclarar qué motivo lo decidió en favor de la independencia geográfica de las tierras que había hallado en su tercer viaje respecto a las encontradas en los viajes anteriores. Pero debemos ver, además, por qué, todavía en 1502 y por última vez, insistió en localizar en ellas el Paraíso Terrenal, sin insistir, sin embargo, en la teoría que servía de fundamento a esa idea, es decir, la de que el globo terráqueo afectaba, en el hemisferio occidental, la forma de una pera o pelota con uno como seno de mujer.

En cuanto a lo primero, no es difícil averiguarlo si recordamos cuáles eran las consecuencias del dilema que debía resolver Colón. En efecto, ya vimos que si se suponía la continuidad entre los litorales atlánticos de Asia y los de la nueva tierra firme austral, el esquema geográfico adoptado por Colón para explicar sus hallazgos anteriores era insostenible. Se venía abajo, pues, la tesis que concebía a Asia dotada de una sola península —el Quersoneso Áureo—, en cuyo extremo estaría el paso al Océano Índico. (*Lámina III.*) Si, en cambio, se suponía que la Tierra de Paria no estaba unida al *orbis terrarum*, era necesario concebirla como un orbe distinto. En este caso, es cierto, se dejaba a salvo aquella tesis, pero a costa de enfrentarse con los problemas que habían inducido a los padres de la Iglesia y a tratadistas recientes a rechazar la posibilidad de mundos distintos alojados en el globo.

Colón, sin embargo, se decidió —ya vimos con qué timidez— por este último partido. Es obvio que el motivo determinante fue el deseo de salvar el esquema geográfico que le venía sirviendo para poder identificar la tierra de Cuba con Asia y que le prometía la existencia de un acceso al Océano Índico al sur de esa tierra y al norte de la recién hallada Paria. Esto es decisivo, porque así vemos que Colón postuló la separación e independencia de la inesperada tierra firme austral como una obligada consecuencia de su esquema anterior y no como resultado de una observación de datos empíricos que se le hubieran impuesto. En otras palabras, afirmó la existencia de un "nuevo mundo" como una suposición *a priori*, porque lo que verdaderamente le importaba afirmar de ese modo era la existencia de aquel paso de mar al Océano Índico de donde dependía, como sabemos, la prueba de su primera y fundamental creencia: la de haber llegado en su primer viaje al extremo oriental de la Isla de la Tierra.

Pero no se comprende bien, entonces, cómo tomó el almirante una decisión que lo enfrentaba a las objeciones y peligros anexos a la idea que abrazó. Esto nos trae, precisamente, al segundo punto que suscitamos al principio de este apartado, a saber: la razón por la cual insistió en localizar al Paraíso Terrenal en esa tierra que le resultaba ser un nuevo e inédito mundo. Tampoco parece difícil encontrar en este caso la respuesta. Nótese bien, en efecto, que el Paraíso Terrenal, por definición, era parte del "mundo", es decir, de aquella provincia cósmica que Dios, en su bondad, había asignado al hombre para que viviera en ella. Visto esto, aunque podía decirse que la independencia geográfica de la tierra firme austral la convertía en un "nuevo mundo", el hecho de estar alojado en ella el Paraíso Terrenal cancelaba ese concepto para convertirla, en cambio, en el primero y más antiguo mundo, de suerte que, en definitiva, si Colón separaba físicamente los dos orbes, lograba mantener su unión moral que es de donde depende la condición y calidad para que sean mundo.

En suma, el "nuevo mundo" intuido por Colón no era propiamente eso, sino parte del mismo y único mundo de siempre. No postulaba, pues, el pluralismo cuya posibilidad había sido admitida con todas sus consecuencias por los paganos. Y si el almirante se arriesgó a arrimarse a esa inaceptable y herética noción, fue porque creía que sólo así se podría salvar la creencia cuya verdad había salido a probar. Pero es claro que esta indirecta manera de sostener que existía donde él pensaba el paso que conduciría a las naves españolas a las riquezas de la India no podía convencer a nadie y que, por consiguiente, sus esfuerzos en ese sentido fueron vanos. Lo verdaderamente interesante de la hipótesis de Colón consiste en que, por vez primera, el proceso se acercó a un desenlace crítico para la antigua manera de concebir el mundo. Sin embargo, la crisis todavía no era inminente, porque las ideas de Colón carecían de toda probabilidad de ser aceptadas por dos razones decisivas. La primera, porque la teoría cosmográfica elaborada por Colón para justificar la existencia del Paraíso Terrenal en las regiones recién halladas resultaba un verdadero disparate científico; [71] pero, segundo y más importante, porque la idea de separar las dos masas de tierra que obligaba a admitir un "nuevo mundo", no era necesaria para explicar satisfactoriamente los hechos revelados hasta entonces por la experiencia, según vamos a ver en seguida. Se conjuró, pues, la crisis que ya se perfilaba. Examinemos las razones que la pospusieron.

XVI

Las noticias del hallazgo de la Tierra de Paria, llegadas a España en 1499, despertaron gran interés por reconocer más ampliamente esas regiones y dieron nuevo impulso y orientación a la empresa. La Corona autorizó y se realizaron en rápida sucesión los conocidos viajes de Ojeda (mayo 1499-septiembre 1500), Guerra y Niño (junio 1499-abril 1500), Yáñez Pinzón (diciembre 1499-septiembre 1500), Lepe (diciembre 1499-octubre? 1500), Vélez de Mendoza (diciembre 1499-julio 1500) y Rodrigo de Bastidas (octubre 1500-septiembre 1502).[72]

El conjunto de estas exploraciones reveló la existencia del enorme litoral que ahora se conoce como la costa atlántica septentrional de América del Sur, desde el Golfo de Darién (formado por costas de Panamá y Colombia) hasta el cabo extremo oriental de Brasil. Ahora bien, como los nuevos hallazgos no se prolongaron más allá de esos extremos, no se estableció, por una parte, la continuidad y conexión de esas costas con las de la tierra septentrional reconocida en años anteriores, ni se estableció, por otra parte, en qué dirección podría correr la costa más allá del cabo extremo hasta donde se había llegado. Estas indeterminaciones provocaron, pues, una situación ambigua que conviene puntualizar.

La conjetura de Colón en el sentido de que existía una gran masa de tierra que penetraba el hemisferio austral quedó establecida fuera de toda duda. Como no se sabía empíricamente que estuviera unida a la masa de tierra firme septentrional, la posibilidad de que hubiera un paso marítimo al Océano Índico en el trecho aún inexplorado permanecía abierta. La hipótesis de Colón acerca de un "nuevo mundo" separado del *orbis terrarum* no podía, pues, descartarse. Pero lo importante era que, contrario a lo que pensó Colón, ésa no era la única salida para dar razón del paso al Océano Índico que había empleado Marco Polo a su regreso a Europa. En efecto, como tampoco se sabía en qué sentido corría la costa más allá del cabo extremo occidental explorado, se podía suponer que doblaría hacia el poniente y que, por lo tanto, ese cabo sería el extremo meridional de una gran península asiática, la que habría circunnavegado Marco Polo. En otras palabras, se pensó que ese grande y nuevo litoral no era el de un extraño "nuevo mundo" separado y distinto

de la Isla de la Tierra, sino el de Asia,[73] y más concretamente
dicho, el de aquella gran península adicional que habían diseñado Martín Behaim en su globo y Henrico Martellus en
su planisferio. (*Lámina III.*)

En resumen, las exploraciones realizadas entre 1499 y 1502
mostraron que las ideas de Behaim y de Martellus podían
ser correctas, de suerte que surgió el dilema que puntualiza-
mos en seguida:

Por una parte, tenemos la hipótesis según la cual se supone que la masa de tierra firme en el hemisferio norte es el
extremo oriental de la Isla de la Tierra u *orbis terrarum* y que
la masa que penetra el hemisferio sur es un orbe distinto y
"nuevo mundo". La condición de esta hipótesis es, pues, que
el paso marítimo al Océano Índico fuera el de la separación
entre ambas masas de tierra firme. Ésta es la hipótesis de
Colón, con la modalidad de que el almirante persistía en
que la Tierra de Cuba se identificaba con la tierra firme de
Asia.

Tenemos, por otra parte, la hipótesis que consiste en suponer que las dos masas de tierra firme son continuas y que
se identifican con el litoral extremo oriental del *orbis terrarum*, y concretamente, como los de su gran península asiática
distinta del Quersoneso Áureo. Para esta segunda hipótesis,
la condición era que al sur de esa única masa de tierra firme
se hallaría el famoso paso al Océano Índico empleado por
Marco Polo.

La cartografía de la época documenta de un modo curio-
so e interesante ese dilema. En efecto, tenemos del año de
1500 el justamente famoso mapa manuscrito de Juan de la
Cosa en que puede verse la expresión gráfica de la disyuntiva.[74] En este documento, el cartógrafo presenta como costa
continua todo lo comprendido desde los reconocimientos septentrionales de las expediciones inglesas hasta el cabo extremo oriental de lo que hoy se conoce como el Brasil. Pero, por
una parte, a partir de ese cabo se figura una costa hipotética
que corre directamente hacia el oeste, expresando de ese
modo la idea y la esperanza, añadimos, de que esas tierras
australes formaban la penetración más meridional de Asia.

Sin embargo y por otra parte, Juan de la Cosa interrumpió el litoral con una imagen de San Cristóbal, patrón de los navegantes, pero también de Colón, precisamente en el sitio donde, según éste, estaría el paso al Océano Índico. De ese modo, así parece, el cartógrafo quiso consignar o, por lo menos, insinuar la otra hipótesis o posibilidad. (*Lámina* V.)

XVII

El sentido o ser de las tierras que se habían hallado desde que Colón hizo su primer viaje seguía dependiendo de la localización del paso al Océano Índico. Pero ahora la ubicación de ese paso ofrecía dos posibilidades. Muy consecuentemente, pues, hubo dos viajes cuyos resultados deberían resolver el dilema. Aludimos a la llamada tercera navegación de Américo Vespucio (viaje portugués, mayo 1501-septiembre 1502) y al cuarto y último viaje del almirante (mayo 1502-noviembre 1504).

Éste y el siguiente apartado se dedican al estudio de esas dos expediciones que, si bien independientes, constituyen un único y grandioso suceso en los anales de la historia de la Cultura de Occidente. Como tal, pues, se quieren presentar aquí, pero no sólo porque así lo exige la lógica del proceso, sino porque de ese modo Colón y Vespucio aparecen como los colaboradores que en realidad fueron en lugar de los rivales que una mal aconsejada pasión ha pretendido hacer de ellos, y porque, además, también se repara la injusticia histórica que con ambos se ha cometido: con el primero, al atribuirle el supuesto "descubrimiento de América" que no realizó, ni pudo haber realizado; con el segundo, al responsabilizarlo de la supuesta autoatribución de esa inexistente hazaña.

Empecemos por hacernos cargo de los propósitos que animaron a ambas expediciones, y primero de aquella en que tomó parte Vespucio.[75]

La flota zarpó de Lisboa a mediados de mayo de 1501 con

destino a las regiones subecuatoriales nuevamente halladas. Vespucio capitaneaba uno de los navíos y a lo que se sabe, la armada iba al mando de Gonzalo Coelho. A principios de junio llegaron a Cabo Verde sobre la costa occidental de África y encontraron allí dos navíos de la flota de Álvarez Cabral que venían de regreso de la India. Vespucio recogió informes acerca de ese viaje y los transmitió a Lorenzo de Medici en una carta fechada 4 de junio de 1501. De este documento y de una epístola anterior se pueden inferir los propósitos de Vespucio.[76] En efecto, en la exploración que realizó bajo el mando de Ojeda (1499-1500) se había querido, dice Vespucio, "dar la vuelta a un cabo de tierra, que Tolomeo llama Cattegara, el cual está unido al Gran Golfo",[77] es decir, que en aquella ocasión se quiso alcanzar el extremo sur de la penetración más meridional de Asia para pasar por allí al *Sino Magno* formado por aguas del Océano Índico.[78] No se logró tan deseado objetivo y ahora, en este nuevo viaje, se pretendía intentarlo de nuevo. Ciertamente, Vespucio no lo dice de un modo expreso, pero el estudio de la carta autoriza esa inferencia, porque de otro modo no se entiende su afirmación, ésa sí expresa, de que abrigaba la esperanza de visitar en este viaje las regiones que había reconocido Álvarez Cabral en su reciente navegación a la India.[79]

En suma, por lo que toca personalmente a Vespucio, el propósito del viaje consistía en navegar hasta las costas subecuatoriales reconocidas durante la exploración que hizo al mando de Ojeda, mismas que consideraba ser litorales asiáticos. Logrado ese primer objetivo, pretendía proseguir el viaje costero en busca del lugar donde pudiera pasar al Océano Índico. Localizado ese paso, deseaba continuar la navegación en demanda de la India y en el límite, llegar hasta Lisboa por la vía del Cabo de Buena Esperanza, completando así, por primera vez en la historia la circunnavegación del globo. No le faltaba razón, pues, decía en la carta que comentamos que abrigaba la "esperanza de cobrar fama imperecedera, si logra regresar a salvo de este viaje".[80]

Veamos ahora qué proyectos animaban a Colón. Se sabe que el 26 de febrero de 1502, cuando la armada en que iba

Vespucio recorría la costa atlántica de la que él creía ser una península asiática, Colón presentó un memorial solicitando la autorización y los medios para emprender nuevo viaje. El documento se ha perdido, pero el propósito de la exploración puede inferirse de la respuesta de los reyes; del pliego de instrucciones que la acompañaba, y de una carta suscrita por los monarcas, sin nombre de destinatario, pero dirigida a quien fuera el capitán de una flota portuguesa recién enviada a la India por la ruta de oriente.[81] En efecto, de esas piezas documentales se deduce que la expedición tenía unos propósitos enteramente semejantes a los que animaron a Vespucio. La alusión a un recorrido que sería muy extenso; la afirmación de que el derrotero no pasaría por la Isla Española; el permiso para llevar a bordo intérpretes arábigos y sobre todo, la carta destinada al capitán portugués acusan, sin lugar a duda, que el destino de la exploración era alcanzar las regiones de la India, ya reconocidas por los portugueses, y puede suponerse que también se abrigaría la esperanza de que el almirante regresara a España por la vía del Cabo de Buena Esperanza.[82] Pero es claro, entonces, que para lograr tan ambicioso proyecto, la meta inmediata de Colón consistía, como la de Vespucio, en encontrar el paso al Océano Índico, sólo que lo buscaría por otras latitudes. En efecto, recuérdese que según las ideas que se formó Colón al regreso de su tercer viaje, ese paso debería encontrarse en la separación marítima entre la Isla de la Tierra y el "nuevo mundo" donde suponía que estaba el Paraíso Terrenal, y por ese rumbo en efecto, lo mandaron los reyes a buscarlo.[83]

He aquí las intenciones de los dos viajes destinados a resolver el gran dilema de cuya solución depende la verdad del ser que se venía atribuyendo a las nuevas tierras, pero mucho más importantemente, de cuya solución dependía, ni más ni menos, la validez de la manera tradicional cristiana de entender al mundo con todo lo que ello significaba. Si Colón alcanzaba su propósito, quedaría probada la existencia real de otro mundo y la crisis consiguiente sería inevitable; si Vespucio lograba el suyo, no habría lugar a alarma alguna. El escenario está dispuesto, y ahora es de verse cómo va a desenvolverse en su doble trama esta espectacular comedia, nunca mejor llamada de las equivocaciones.

XVIII

A principios de agosto de 1501, después de una penosa travesía, la armada portuguesa en que iba Vespucio alcanzó la costa de lo que hoy llamamos el Brasil.[84] Persuadidos los navegantes de hallarse sobre el litoral asiático iniciaron la exploración costera hacia el sur, tanto por reconocer aquellas comarcas que caían bajo el señorío de Portugal, como por buscar el cabo final que permitiría el acceso al Océano Índico. Averiguando que la costa se prolongaba hacia el sur más de lo que se había supuesto, la flota llegó al punto donde terminaba la jurisdicción de Portugal y comenzaba la castellana, de acuerdo con la partición y convenio de Tordesillas. Legalmente allí tendría que suspenderse el reconocimiento, pero resultaba insensato abandonarla, pues no era creíble que la costa se prolongara mucho más. Con esta esperanza se decidió continuar la exploración, pero bajo el amparo de un expediente que, en todo caso, servía para salvar las apariencias. La exploración se despojó de su carácter oficial,[85] de manera que a partir de ese momento adquiría el carácter de un viaje de tránsito, y a fin de evitar suspicacias, se acordó confiar el mando provisional de la armada a Vespucio. Así, por lo menos, es como se ha explicado su intervención directa en esta parte del viaje. Sea de ello lo que fuere, lo importante es que no hallaron el tan deseado paso, pero se averiguó, en cambio, que aquella costa se prolongaba sin término hasta las regiones tempestuosas vecinas al círculo antártico.[86] Esta circunstancia resultaba sobremanera desconcertante en vista de las nociones previas que habían animado los proyectos de la exploración y era preciso intentar algún ajuste para explicar el nuevo dato. Con este enigma a cuestas regresó la flota a Lisboa en los primeros días de septiembre de 1502. Dejemos a Vespucio con la preocupación de resolverlo, para dar alcance a Colón que, para esa fecha, luchaba contra la inclemencia de un mar adverso.

Colón inició la travesía oceánica el día 26 de mayo de 1502, partiendo de la Isla de Ferro en las Canarias.[87] Por motivos al parecer justificados, desobedeció las instrucciones de los reyes y se dirigió a la Isla Española en demanda de la Villa de Santo Domingo. Este cambio de itinerario modificó la ruta originalmente proyectada: ahora resultaba forzoso navegar desde Santo Domingo, pero no ya en busca de la Tierra de Paria que le quedaba al sureste, sino en requerimiento de la costa de tierra firme asiática que le quedaba al occidente y que, como sabemos, Colón concebía como prolongación del litoral de Cuba. Una vez que hubiere topado con la tierra firme, el proyecto era costearla en requerimiento del paso de mar que, según él, la separaba de aquel "nuevo mundo" que había encontrado en su viaje anterior.

En ejecución de ese plan, la flota llegó a una costa que corría de oriente a occidente, el litoral atlántico de la hoy República de Honduras, y desde allí se inició la busca. Fue preciso, ante todo, costear hacia el oriente con la esperanza de hallar pronto el cabo donde la costa doblara hacia el sur y condujera a la flota al extremo de la que se suponía península. Este trecho de la navegación resultó penosísimo, pero, por fin, el 14 de septiembre se encontró el cabo que, no sin motivo, llamó Colón Cabo Gracias a Dios, nombre que aún conserva. La costa corría directamente hacia el sur; el almirante ya se encontraba en la región aún inexplorada, y por lo tanto, en el trecho en que tendría que hallarse el lugar por donde, de acuerdo con sus nociones, había pasado Marco Polo al Océano Índico.

No es del caso relatar aquí los pormenores de la exploración. Baste recordar que a medida que progresaba, la terca ausencia del paso se veía compensada por la confirmación de ser asiáticas aquellas comarcas, y tan indubitable, que, cuando Colón tuvo noticias de unas minas de oro no lejanas, se sintió autorizado a concluir que eran las de Ciamba, región del Quersoneso Áureo que Marco Polo ponía como provincia extrema meridional de esa península.[88] Con esta seguridad, que prometía el cercano e inevitable encuentro del deseado paso al Océano Índico, la flota vino a dar a una entrada de mar que parecía ser el principio de lo que tanto se buscaba. Esto aconteció el 6 de octubre; once días más tarde se averiguó de fijo el engaño: aquella entrada no era sino una bahía, y la alucinada esperanza se esfumó para siempre.

La triste realidad trajo consigo, sin embargo, un consuelo: averiguó Colón que se hallaba, no, ciertamente, en la vecindad de un estrecho de mar que le permitiera pasar al Océano Índico, pero sí sobre la costa de un estrecho de tierra, angosto istmo que, como una muralla, separaba a la flota de aquel océano. Le dijeron los nativos y Colón lo creyó, que al otro lado, a sólo nueve jornadas a través de las montañas, se encontraba una opulenta provincia llamada Ciguare, rica en oro, joyas y especias, donde había mercaderes y señores de poderosos ejércitos y armadas, y distante a diez días de navegación del río Ganges.[89]

Tan extraordinaria noticia convenció al almirante de que sería vano buscar el paso de mar en esas latitudes, y tanto más cuanto que la costa torcía hacia el oriente en dirección de la tierra de Paria indicando así la continuidad con ella. Aún antes de salir de España, Colón ya había sospechado que eso podía acontecer, según lo prueba una carta de Pedro Mártir,[90] y eso aclara por qué Colón abandonó tan prontamente la busca del paso marítimo y por qué dio tan fácil crédito a la noticia que le dieron los nativos acerca de la existencia de un istmo. En todo caso, los resultados de esta exploración lo obligaban, como también le aconteció a Vespucio, a modificar el esquema geográfico que le había servido como base.

Podemos concluir, entonces, que desde el punto de vista de los propósitos que animaron a los dos viajes, ambos fueron un fracaso completo; pero un fracaso que tuvo, sin embargo, la consecuencia de hacer posible una inesperada y decisiva revelación. Para mostrar cómo pudo ser así, hace falta hacernos cargo previamente de las ideas que se formaron Colón y Vespucio, cada uno por su lado, a base de sus respectivas experiencias. Examinemos, primero, la hipótesis del almirante.

XIX

Para determinar cuál fue el pensamiento de Colón después de su cuarto y último viaje, en orden al problema que nos interesa, es preciso recurrir a la extraña carta que dirigió a Fernando e Isabel desde Jamaica, el 7 de julio de 1503, la llamada *Lettera Rarissima*.[91]

Lo que sorprende de inmediato en este documento es el silencio total que guarda el almirante respecto a la busca del paso de mar al Océano Índico que, como sabemos, fue el objetivo principal del viaje. Pero esto se debe a que los informes que recogió tocantes a la existencia de un istmo que separaba aquel océano del Atlántico, alteró radicalmente sus nociones previas. En efecto, del contenido de la *Lettera Rarissima* se deduce con claridad que la noticia de aquel istmo lo obligó a abandonar definitivamente su conjetura respecto a la existencia de una tierra firme austral independiente y separada del *orbis terrarum* para aceptar, en cambio, la idea de su unión, considerándolo todo como los litorales de Asia. En otras palabras, el fracaso respecto al hallazgo del paso marítimo, persuadió al almirante a aceptar como verdadera la tesis de la península adicional de Asia, de suerte que acabó pensando que los litorales de las dos masas de tierra firme ubicadas en ambos hemisferios eran continuos, pero siempre en la creencia de que Cuba no era una isla, sino que formaba parte de la tierra firme.[92] Uno de los croquis de mapa diseñado por Bartolomé Colón[93] a raíz del viaje y al margen, precisamente, de una copia de la *Lettera Rarissima*, es el testimonio cartográfico que expresa la nueva hipótesis del almirante. (*Lámina* VI.)

Veamos ahora lo que pensó Vespucio con motivo de la inesperada comprobación de que la tierra firme que había explorado se prolongaba interminablemente hacia el polo antártico. Pues bien, es obvio que esa circunstancia hacía imposible sostener la previa identificación de esos litorales con los de la supuesta península adicional de Asia, porque de lo contrario no se podía dar cuenta del acceso marítimo empleado por Marco Polo para pasar al Océano Índico. Era forzoso concluir, pues, que se trataba de una tierra firme separada por el mar del *orbis terrarum*. Pero ¿qué era entonces, esa tierra? En el espíritu de Vespucio debió reinar el desconcierto, y no es sorprendente, pues, advertir su huella en las primeras cartas que escribió a su regreso del viaje. En efecto, en la epístola que dirigió a Lorenzo de Médici para darle cuenta de la exploración,[94] se nota parquedad y reticencia que sólo han sido explicadas por el temor que le inspiraba el rey de Portugal. Pueda ser, pero lo cierto es que casi nada dice acerca de la cuestión que aquí nos interesa. Asegura que la tierra explorada es de magnitud continental; que la armada recorrió sus costas hasta cerca de los 50° de latitud sur; que observó y tomó nota de los movimientos de los cuerpos celestes visibles en aquel hemisferio y de otras cosas que le parecieron dignas de reparo, porque tenía el proyecto de escribir un libro con el relato de sus viajes, y por último, que la armada penetró hasta la "región de los antípodas", puesto que el recorrido abarcó "una cuarta parte del mundo".[95] Eso es todo. Es claro que si Vespucio tenía en ese momento alguna idea más precisa no la expresó, pero nos parece que la epístola más bien revela la incertidumbre de su ánimo.

De finales de 1503 o principios de 1504 tenemos otra carta de Vespucio que tampoco aclara nada, porque es, en definitiva, un documento escrito en defensa de algunos conceptos afirmados en la epístola anterior.[96] No puede decirse lo mismo, sin embargo, de la siguiente en orden cronológico, la famosa carta llamada *Mundus Novus*, cuyo texto vamos a considerar en seguida.[97]

Dice Vespucio, en un pasaje que se ha hecho célebre,[98] que es lícito designar como "nuevo mundo" a los países que visitó durante el viaje, por dos razones. La primera, porque nadie antes supo que existían; la segunda, porque era opinión común que el hemisferio sur sólo estaba ocupado por el

Océano. Ahora bien, parece claro que esos dos motivos justifican calificar a las regiones a que alude Vespucio como algo "nuevo" en el sentido de recién halladas e imprevistas. Pero ¿por qué ha de ser lícito considerarlas como un "mundo"?

Vespucio contesta de un modo indirecto cuando añade, a renglón seguido, que si es cierto que algunos admitían la posibilidad de la existencia de una semejante tierra en el hemisferio sur, negaron con muchas razones que fuera habitable, opinión que, sin embargo, ahora desmiente la experiencia, puesto que la tierra que él visitó está habitada por "más multitud de pueblos y animales —dice— que nuestra Europa, o Asia o bien África". De esta aclaración resulta, primero, que Vespucio concibe inequívocamente las tierras que exploró como una entidad geográfica distinta del *orbis terrarum*, puesto que de un modo expreso las distingue de las tres partes que tradicionalmente lo integraban. Pero, segundo, que la existencia de semejante entidad no era tan imprevisible como aseguró al principio, ya que admite que algunos reconocían esa posibilidad. Así vemos, entonces, que, para Vespucio, la verdadera novedad del caso radica en que se trata de unas tierras australes habitables y de hecho habitadas, y por eso no sólo son algo nuevo en el sentido de que eran desconocidas, sino que constituyen, precisamente, un "mundo" nuevo.

El pensamiento de Vespucio es bien claro si lo referimos al horizonte cultural que le presta su significación. En efecto, para él, como para cualquier contemporáneo suyo, la palabra "mundo" aludía, según ya sabemos, al *orbis terrarum*, a sólo la Isla de la Tierra, o sea a aquella porción del globo que comprendía a Europa, Asia y África y que le había sido asignada al hombre por Dios para que viviera en ella con exclusión de cualquier otra parte. Es así, entonces, que si a Vespucio le pareció lícito designar a los países recién explorados por él como un "nuevo mundo", es porque los concibió, según ya los había concebido hipotéticamente antes Cristóbal Colón, como uno de esos *orbis alterius* admitidos por los paganos, pero rechazados por los autores cristianos en cuanto que podían implicar una inaceptable y herética pluralidad de mundos. Contrario, pues, a cuanto se ha venido afirmando y repitiendo, en la hipótesis de Vespucio no debe verse la genial y sorprendente intuición de América, según ha querido entenderse. Lo que pasó fue que, atenta la imposibilidad empírica de seguir explicando como asiáticas las tierras que exploró y advirtiendo, por lo tanto, que estaba en presencia de una entidad geográfica desconocida, Vespucio recurrió a un concepto ya empleado antes por el almirante en parecida coyuntura y que, como él, también abandonará por ser una solución inaceptable, como veremos en su oportunidad.

Esta manera de comprender la intervención de Vespucio la purga de ese cariz apocalíptico y casi milagroso con que suele presentarse [99] y que, no sin motivo, la hace tan sospechosa a los prejuiciados ojos de quienes rutinariamente insisten en ver en todo cuanto concierne a Vespucio la dañada intención de hurtarle a Colón los laureles de su fama. Ello, sin embargo, no quiere decir que la idea de Vespucio no implique un decisivo paso en el desarrollo del proceso, según se verá más adelante cuando se compare con la hipótesis paralela que había formulado Colón a raíz de su tercer viaje.

Pero antes de ocuparnos de tan importante tema es interesante señalar la curiosa paradoja en que desembocó el intento de resolver la disyuntiva que planteó la busca del paso al Océano Índico. En efecto, ahora se ve que el fracaso de ambos viajes acabó operando una inversión diametral, porque, así como Colón se vio obligado a aceptar la tesis que le había servido a Vespucio como base de su exploración, la que postulaba una península adicional de Asia; así, por su parte, Vespucio se vio forzado a aceptar la tesis desechada por Colón, la que suponía la existencia de un nuevo mundo. Colón inició su viaje con el propósito de comprobar su hipótesis de la existencia de dos "mundos" y regresó con la idea de que todo era uno y el mismo mundo; Vespucio inició su viaje con el proyecto de comprobar que todo era uno y el mismo mundo y volvió con la idea de que había dos. El proceso, al parecer, quedó encerrado en un círculo vicioso sin salida; y, sin embargo . . .

XX

En historia, como manifestación que es de la vida, hoy no se sabe qué dinamismo que hace imposible, quitando la muerte, que sus procesos se ahoguen en aporías. Por eso, en historia, los conceptos de error, de contradicción y fracaso apenas tienen vigencia verdadera. Todo es marcha, y resulta maravilloso comprobar cómo una situación que parece insoluble no es, en realidad, sino nuevo y vigoroso punto de partida hacia alguna meta imprevisible. Y así, contra toda apariencia, aquella inversión de términos en la que no se discierne cambio esencial respecto a la posición anterior, no fue sino la apertura por donde el proceso pudo tomar un nuevo e inusitado rumbo. Veamos cómo fue esto así.

La idea que tuvo Vespucio acerca de la existencia de un nuevo mundo se parece tanto a la que había tenido Colón que, vistas desde afuera, son casi idénticas. En efecto, el almirante no sólo proclamó que había encontrado una imprevisible y extensa tierra austral, distinta y separada del *orbis terrarum*, ignorada por los antiguos y desconocida por los modernos, sino que también la concibió como un nuevo mundo. Una cuidadosa reflexión descubre, sin embargo, que entre dos hipótesis hay una diferencia fundamental que radica en los distintos motivos que, respectivamente, impulsaron a sus autores a formularlas. Consideremos, primero, el caso de Colón.

Colón pensó que había hallado una masa de tierra firme austral separada de la masa de tierra firme septentrional, no porque lo hubiere comprobado empíricamente, sino porque así lo exigía su idea previa acerca de que esta última era el extremo oriental asiático de la Isla de la Tierra. En otras palabras, concibió la existencia de un nuevo mundo obligado por la exigencia de salvar la verdad de su hipótesis anterior.

Vemos, entonces, que la explicación del nuevo dato empírico (la existencia de una masa de tierra firme austral) estaba condicionada por la idea previa de que las tierras halladas en los viajes anteriores pertenecían a Asia. Se trata, pues, de una hipótesis con fundamento *a priori*. Por eso, cuando Colón advirtió (cuarto viaje) que no era necesario postular la separación de las dos masas de tierra firme para salvar su idea de que la masa septentrional era Asia (acogiéndose a la tesis de la península adicional), abandonó sin dificultad su hipótesis de la existencia de un nuevo mundo.

Podemos concluir, entonces, que la hipótesis del almirante, dada su motivación, no pudo poner en crisis la idea previa que le dio vida, o dicho de otro modo, que el hecho de haber encontrado una masa de tierra firme en un lugar imprevisto, no logró imponerse como la revelación que pudo haber sido, porque Colón creyó poder explicarla dentro del cuadro de la imagen tradicional del mundo.

Volvamos ahora la mirada a la hipótesis de Vespucio. Vespucio pensó que había explorado los litorales de una masa de tierra firme austral separada de la masa de tierra firme septentrional, porque lo comprobó empíricamente, ya que era imposible seguir suponiendo que aquella masa perteneciera a Asia, a pesar de ser ésa su idea previa. Vespucio, pues, a diferencia de Colón, concibió la existencia de un nuevo mundo a pesar y en contra de su hipótesis anterior. Vemos, entonces, que la explicación del nuevo dato empírico (la existencia de una masa de tierra firme austral) no está condicionada, como le acontece a Colón, por la idea previa de que las tierras halladas antes pertenecían a Asia, sino que es independiente de la verdad o falsedad de esa idea. Se trata, pues, de una hipótesis con fundamento *a posteriori*. Así, la necesidad empírica que obligó a Vespucio a suponer que la masa de tierra firme que exploró no podía ser asiática, no implicó nada respecto a la masa de tierra firme septentrional. Esto quiere decir, entonces, que, en principio, la separación o no de esas dos masas de tierra firme por un brazo de mar, resultará indiferente a la validez de la idea de que las tierras exploradas por Vespucio no sean asiáticas, porque, cualquiera que sea el caso, no habrá necesidad de abandonarla.

Dicho de otro modo, si existe una separación marítima entre las dos masas de tierra, según pensó Vespucio, resulta *necesario* admitir, como admitió Vespucio, que la masa meridional es una entidad geográfica distinta a la Isla de la Tierra, y resulta *posible* suponer lo mismo respecto a la masa septentrional. Si, en cambio, no existe esa separación marítima, entonces será *necesario* admitir que ambas masas constituyen una entidad geográfica distinta de la Isla de la Tierra. Como esta última era la hipótesis más atrevida, nada tiene de sorprendente que Vespucio se haya acogido a la primera, como tampoco es sorprendente que más tarde, según veremos, ya no haya insistido en ella.

Podemos concluir, entonces, que la hipótesis de Vespucio contiene en sí la posibilidad de trascender la premisa fundamental (la supuesta excesiva longitud de la Isla de la Tierra) que venía obligando a identificar las tierras halladas con litorales asiáticos, puesto que canceló, como necesario, el supuesto (el paso al Océano Índico) de donde venía dependiendo la validez de esa identificación. A nadie elude la importancia decisiva de esta conclusión, porque así se comprende que la exploración realizada por Vespucio *logró convertirse en la instancia empírica que abrió la posibilidad de explicar las tierras que se habían hallado en el Océano de un modo distinto al obligado por el planteamiento inicial.* En suma, si nos atenemos a los términos concretos de la tesis de Vespucio, no puede decirse que superó la tesis anterior de Colón, porque al concebir ambos la masa de tierra firme austral como un "nuevo mundo", ambos permanecieron dentro del marco de las concepciones y premisas tradicionales. Pero si nos atenemos a las implicaciones de la tesis de Vespucio, entonces debe decirse lo contrario, porque al concebir la masa de tierra firme austral como un "nuevo mundo" abrió la posibilidad, que la tesis de Colón no contenía, de concebir a la totalidad de las tierras halladas de un modo que desborda el marco de las concepciones y premisas tradicionales.

Aquí nos despedimos de Colón como del héroe que, conduciendo la hueste a la victoria, cae a medio camino, porque si es cierto que sus ideas le sobrevivieron en muchos partidarios, no lo es menos que el sendero con promesa histórica era el que abrió Vespucio. Vamos a considerar en seguida cómo se actualizó la nueva posibilidad.

XXI

La vieja teoría de la Isla de la Tierra como único lugar asignado al hombre para su domicilio cósmico está a punto de entrar en definitiva crisis y bancarrota. Las probabilidades de salvarla son, en verdad, escasas. Se intentará, sin embargo, un último y desesperado esfuerzo. Pasemos a examinarlo.

De acuerdo con la hipótesis de Vespucio, la situación es la siguiente: tenemos en el hemisferio norte una extensa costa identificada como perteneciente al extremo oriental del *orbis terrarum*, o más concretamente, como el litoral atlántico de Asia, y tenemos, en el hemisferio opuesto, separada de la anterior, otra costa que, descendiendo hacia el polo sur quedaba postulada como perteneciente a un "nuevo mundo". Los mapas de Contarini (1506) y de Ruysch (1507 o 1508, *Lámina* VII) expresan gráficamente esta tesis.[100]

Ahora bien, ya advertimos que esta solución no era aceptable, porque postulaba una pluralidad de mundos, pero también acabamos de aclarar que no era la única solución posible para dar cuenta de los resultados de la exploración en que tomó parte Vespucio. En efecto, vimos que una vez admitido como *necesario* que los litorales de la masa de tierra austral no podían seguirse entendiendo como asiáticos, ya era *posible* suponer lo mismo respecto a la masa de tierra septentrional y que en semejante posibilidad consistía, precisamente, la enorme diferencia entre las hipótesis paralelas de Vespucio y Colón. Fue así, pues, como surgió la idea de que esa tierra septentrional bien podía ser otra gran isla, también desconocida hasta entonces por los antiguos, y comparable a la que Vespucio, falto por lo pronto de otro concepto, había considerado lícito concebir como un nuevo mundo.

Esta tesis de las dos grandes islas oceánicas, que venía a substituir la inaceptable hipótesis de un "nuevo mundo", encontró su expresión en una serie de mapas diseñados en torno a 1502. Nos referimos a los mapas manuscritos conocidos como el King-Hamy-Huntington, el Kuntsmann II, el Nicoló Caneiro (*Lámina VIII*) y el Alberto Cantino.[101] En efecto, en estos documentos cartográficos, pese a diferencias de detalle,[102] la novedosísima idea de que la masa de tierra septentrional constituía también una entidad independiente del *orbis terrarum* aparece clara y vigorosamente expresada. Al mismo tiempo se mantiene, sin embargo, el supuesto de su separación respecto a la masa meridional, pero de un modo tan notorio y exagerado que, en definitiva, el conjunto de las nuevas tierras no se impone como una sola entidad en contraste con la enorme masa de la Isla de la Tierra, sino que ofrece el aspecto de dos grandes islas situadas al occidente de Europa,[103] sin que se sugiera aún la imagen del océano que ahora llamamos el Pacífico. (*Lámina VIII*.)

El sentido de esta nueva manera de explicar la existencia de todas las tierras que se habían hallado desde 1492, es que de ese modo se intentaba salvar la concepción unitaria del mundo exigida por el dogma de la unidad fundamental del género humano, amenazado por la hipótesis de Vespucio, puesto que la tesis de las dos grandes islas oceánicas mantenía, por lo menos en apariencia, la imagen geográfica tradicional del mundo.

El intento, sin embargo, no era satisfactorio. En efecto, puesto que esas dos grandes y estrechas islas[104] estaban habitadas, su existencia ofrecía, concebidas o no como un "mundo nuevo", las mismas objeciones religiosas y evangélicas que habían obligado a los tratadistas cristianos a rechazar la idea pagana de otros posibles mundos distintos al alojado en la Isla de la Tierra. Es así, entonces, que lo único que se conseguía con la tesis de las dos islas era el rechazo verbal de una explicación que expresamente amenazaba el concepto fundamental de la unidad del mundo, al recurrirse a una imagen geográfica que, en apariencia, sólo corregía la imagen tradicional al añadir dos islas que en nada la alteraban substancialmente.

Las anteriores consideraciones nos permiten entender a fondo los motivos que impulsaron a los autores de los mapas que acabamos de mencionar a aceptar y exagerar la supuesta separación entre las dos masas de tierra que se habían hallado, porque en la medida en que se exageraba esa separación, en esa misma medida se restaba importancia a esas tierras como una entidad geográfica comparable al *orbis terrarum*. Pero visto que este expediente no solucionaba el problema en su fondo, según acabamos de explicar, y que la experiencia recogida en la exploración de Vespucio ofrecía la posibilidad real de la otra alternativa, a saber: la unión de las dos masas de tierra, no había ningún impedimento para que no se aprovechara. Y en eso consiste el próximo paso del proceso que vamos a estudiar en seguida.

En suma, la tesis de concebir las nuevas tierras meramente como dos islas oceánicas fue un primer intento de explicarlas como entidades geográficas independientes, sin necesidad de recurrir a la noción tradicional, pero inaceptable para el Cristianismo, de la pluralidad de mundos. Y si es cierto que ese intento fue insuficiente, no por eso fue vano; por lo contrario, gracias a él, las nuevas tierras, inicialmente concebidas como una parte de la Isla de la Tierra, se desprendieron totalmente de ellas. Es, pues, el momento crítico en que aparece la necesidad de concederles un sentido propio, un ser específico que las individualice. Por ahora, sin embargo, todavía no se trata de América.

XXII

Para ver de qué modo se dio el próximo paso en el proceso, es necesario recurrir a otro famoso texto de Vespucio, su carta fechada en Lisboa el 4 de septiembre de 1504, conocida como la *Lettera* o, en su versión latina, como las *Quatour Americi Vesputti navigationes*.[105]

Lo primero que llama la atención es que en este documento se presente el conjunto de las exploraciones sin aludir siquiera a la circunstancia de que por algún tiempo las nuevas tierras fueron consideradas como parte de Asia. Y es que el autor simplemente quiso ofrecer a su corresponsal el panorama general de sus viajes a la luz de sus últimas conjeturas. Pero lo verdaderamente sorprendente es que ya no emplea el concepto de "nuevo mundo" que propuso en su carta anterior como la correcta manera de concebir la masa de tierra austral cuyos litorales había recorrido. Tratemos de ver, entonces, cómo entiende ahora Vespucio las nuevas tierras, puesto que no aparecen, ni como parte del *orbis terrarum*, ni como uno de esos otros orbes hipotéticamente admitidos por la ciencia clásica.

Afirma Vespucio en el preámbulo, que escribe de "cosas no mencionadas ni por los antiguos ni por los modernos escritores".[106] Aclara, más adelante, que su deseo es comunicar lo que ha visto "en diversas regiones del mundo" en los viajes que emprendió con el objeto de "descubrir nuevas tierras".[107] Esta manera de aludir al motivo de sus exploraciones como "nuevas tierras" que forman parte "del mundo" se repite a lo largo de la carta,[108] y revela una vaguedad e indefinición significativas. Pero eso no es todo: al principio del relato del primer viaje, presentado como una empresa descubridora de "nuevas tierras hacia el occidente", dice que se hallaron "mucha tierra firme e infinitas islas, muchas de ellas habitadas, de las cuales los antiguos escritores no hacen mención", porque, agrega Vespucio, "creo que de ellas (la tierra firme y las islas) no tuvieron noticia; que si bien me recuerdo, en alguno he leído que consideraban que este mar océano era mar sin gente".[109] Ya se habrá advertido: Vespucio repite el argumento que adujo en su carta anterior para justificar como lícita la designación de mundo nuevo, pero ahora, ni insiste en ese concepto, ni por otra parte, se refiere tan sólo al hemisferio austral (como en la carta anterior), puesto que está hablando de las tierras halladas al occidente de Europa.

En otros pasajes [110] la *Lettera* ofrece datos de ubicación geográfica, pero en ninguno aparece el intento de definir o identificar las regiones de que se trata, salvo en el caso de una de las islas primeramente halladas por Colón, probablemente la Española, que Vespucio piensa que es la Antilla,[111] indicio de que no considera como parte de Asia la tierra firme adyacente.

Es de primera importancia, por otra parte, un párrafo de los iniciales correspondientes al segundo viaje, porque en él nos da a entender Vespucio que se había decidido en favor de la continuidad de las dos masas de tierra firme,[112] de donde se infiere que concebía el conjunto de las nuevas tierras como una unidad geográfica, una gran barrera que corría de norte a sur a lo largo de los dos hemisferios y atravesada en el Océano en el camino de Europa a Asia por la ruta de occidente.

Por último, la *Lettera* es prolija en interesantísimos datos y noticias acerca de la riqueza de las nuevas tierras, su flora y fauna y sus habitantes. Este aspecto del documento excede nuestros inmediatos intereses, salvo en cuanto indica que en ningún momento hay nada que pueda interpretarse en el sentido de que Vespucio piense que esas tierras son asiáticas. Por lo contrario, el autor traza un cuadro de unas regiones inéditas, asombrosas y extrañas.

Ahora bien, del análisis anterior, pueden deducirse dos afirmaciones fundamentales:

Primera, que en la *Lettera* tenemos el documento donde se concibe por primera vez el conjunto de las tierras halladas como una sola entidad geográfica separada y distinta de la Isla de la Tierra.

Segunda, que en la *Lettera*, sin embargo, existe una indeterminación acerca del ser de esa entidad, puesto que a la vez que Vespucio abandonó el concepto de "nuevo mundo" no propuso nada para substituirlo. Vespucio debió comprender, pues, que se trataba de un concepto inadmisible por el pluralismo de mundos que implicaba, pero no pudo o no quiso arriesgarse a proponer el que sería adecuado, dada su nueva visión de las cosas.[113]

Podemos concluir, entonces, que en la *Lettera* se actualizó la crisis que se presentó por primera vez cuando Colón se vio obligado, contra todos sus deseos, a reconocer que una parte de las tierras halladas por él no podían entenderse como pertenecientes al *orbis terrarum*. Pero ahora la vieja imagen medieval ha tenido que ceder ante las exigencias de los datos empíricos e incapaz, ya, de admitirlos con una explicación satisfactoria, surge la necesidad de concederle un sentido propio a esa entidad que allí está reclamando su reconocimiento y un ser específico que la individualice. Vespucio no infirió esta necesaria implicación, ni intentó hacer frente a aquella necesidad. Cuando esto acontezca América habrá sido inventada.

XXIII

Tenemos ahora a la vista una gigantesca barrera [114] atravesada de norte a sur en el espacio que separa los extremos occidentales y orientales de la Isla de la Tierra, y el problema consiste en determinar qué sentido o ser va a concedérsele a ese imprevisto e imprevisible ente que le había brotado al Océano. Para despejar esta incógnita debemos hacernos cargo del contenido de dos famosísimos documentos, a saber: el célebre folleto intitulado *Cosmographiae Introductio*, publicado en 1507 por la Academia de Saint-Dié, [115] que incluyó la *Lettera* de Vespucio en traducción latina, y la no menos célebre y espectacular carta geográfica destinada a ilustrarlo, el mapamundi de Waldsseemüller, también de 1507. [116] (*Lámina IX.*)

En la *Cosmographiae Introductio* se dice: *a*) que, tradicionalmente, el orbe, es decir la Isla de la Tierra en que se alojaba el mundo, se ha venido dividiendo en tres partes: Europa, Asia y África; *b*) que en vista de recientes exploraciones, ha aparecido una "cuarta parte"; *c*) que, como fue concebida [117] por Vespucio, no parece que exista ningún motivo justo que impida que se la denomine Tierra de Américo, o mejor aún, América, puesto que Europa y Asia tienen nombres femeninos, y *d*) se aclara que esa "cuarta parte" es una isla, a diferencia de las otras tres partes que son "continentes", es decir, tierras no separadas por el mar, sino vecinas y continuas.[118]

El mapa de Waldseemûller (*Lámina IX*) ilustra gráficamente los anteriores conceptos, pero su verdadera importancia para nosotros no es tanto que sea el primer documento cartográfico que ostenta el nombre de América,[119] cuanto que prueba que las nuevas tierras se conciben como una sola entidad geográfica *con independencia de que exista o no un estrecho de mar entre las masas septentrional y meridional de la gigantesca isla*. En efecto, el hecho de que el cartógrafo haya admitido ambas posibilidades revela que ahora ya se trata de una simple alternativa de interés para el geógrafo, sin duda, pero carente de importancia desde el punto de vista de la concepción unitaria de las nuevas tierras.[120]

Ahora bien, si consideramos esta tesis dentro de la secuencia del proceso, se advierte de inmediato que, cualesquiera que sean sus implicaciones geográficas y ontológicas, se alcanza en ella un punto culminante. En efecto, vemos que, no sólo se reconoce la independencia de las nuevas tierras respecto al *orbis terrarum* y, por lo tanto, se las concibe como una entidad distinta y separada de él, sino que —y esto es lo decisivo y lo novedoso— se le atribuye a dicha entidad un ser específico y un nombre propio que la individualiza. Mal o bien, pero más bien que mal, ese nombre fue el de América que, de ese modo, por fin, se hizo visible.[121]

Podemos concluir, entonces, que hemos logrado reconstruir, paso a paso y en su integridad, el proceso mediante el cual América fue inventada. Ahora ya la tenemos ante nosotros, ya sabemos cómo hizo su aparición en el seno de la cultura y de la historia, no ciertamente como el resultado de la súbita revelación de un descubrimiento que hubiere exhibido de un golpe un supuesto ser misteriosamente alojado, desde siempre y para siempre, en las tierras que halló Colón, sino como el resultado de un complejo proceso ideológico que acabó, a través de una serie de tentativas e hipótesis, por concederles un sentido peculiar y propio, el sentido, en efecto, de ser la "cuarta parte" del mundo.

Con la anterior conclusión hemos alcanzado la meta final de este trabajo. Ello no quiere decir que aquí termine la investigación, porque si es cierto que ahora ya sabemos de qué manera apareció América en el escenario de la historia universal, no sabemos aún cuál es la estructura del ser que, bajo ese nombre, les fue concedido a las nuevas tierras. En efecto, es obvio que el haber mostrado de qué manera y por qué motivos esas tierras fueron concebidas como la "cuarta parte" del mundo, a igualdad y semejanza de Europa, Asia y África, no basta para revelar aquella incógnita. Se abre, así, ante nosotros, la posibilidad de una nueva investigación que, tomando como punto de partida los resultados a que hemos llegado, nos enseña en qué consiste el ser de América y que, por lo tanto, nos entregue la clave del significado de su historia y de su destino. Semejante investigación excede, sin embargo, los límites de este libro, de suerte que, a reserva de intentarla en otra oportunidad, vamos a conformarnos con exponer en seguida las que pueden considerarse sus articulaciones esenciales.

LA ESTRUCTURA DEL SER DE AMÉRICA Y EL SENTIDO DE LA HISTORIA AMERICANA

EMPECEMOS por preguntar por el sentido de la tesis que concedió a las nuevas tierras ese ser que hemos visto y cuya estructura nos interesa poner en claro.

En su doble articulación, esa tesis consiste, primero, en reconocer que el conjunto de dichas tierras es una entidad separada y distinta del *orbis terrarum*; pero, segundo, que a pesar de ello, es una parte del *orbis terrarum*, concretamente, que es su "cuarta parte". A primera vista hay una obvia contradicción y debemos ver si es real o aparente, si es o no reductible.

Se convendrá sin dificultad que para reducir la contradicción debe suponerse que, por algún motivo, aquello que obligó a reconocer en las nuevas tierras una entidad separada y distinta del *orbis terrarum* no impide que se las pueda concebir como una de las partes de éste. Ahora bien, como evidentemente lo que hace que las nuevas tierras aparezcan como una entidad distinta y separada de aquel orbe es su aislamiento en el Océano, el problema se contrae a explicar cómo se le pueden conceder efectos tan opuestos a esa circunstancia.

La respuesta se impone, porque la única manera de explicar la contradicción es pensando que en la tesis se le concede al concepto de *orbis terrarum* una doble significación, una más amplia que la otra. En efecto, si se estima, por una parte, que el aislamiento oceánico basta para concebir las nuevas tierras como ajenas al *orbis terrarum*, tiene que ser porque se piensa que éste no es capaz de trascender sus límites oceánicos. Dicho de otro modo, que en la tesis todavía se le concede al *orbis terrarum* el sentido tradicional que lo identifica con la Isla de la Tierra integrada por Europa, Asia y África. Pero si, por otro lado, se afirma que el aislamiento oceánico no impide que las nuevas tierras se consideren como una parte del *orbis terrarum*, tiene que ser porque, de alguna manera, se le ha concedido a éste una significación más amplia que trascienda la condición insular de ambas entidades y sea, por eso, capaz de incluir a la una y a la otra. Dicho de otro modo, que en este segundo y nuevo sentido el *orbis terrarum* ya no se identifica con sólo la Isla de la Tierra, pero tampoco con sólo el conjunto de las dos grandes entidades insulares que ahora se dice que incluye, sino con el globo terráqueo entero. En efecto, puesto que la separación oceánica ya no desempeña la función de límite del *orbis terrarum*, es obvia la capacidad de éste de incluir, no solamente las tierras antes conocidas y las recién halladas; no sólo todas las que pudiesen existir en el Océano, sino al Océano mismo, puesto que los límites impuestos por éste a las porciones de tierra no sumergida han dejado de ser eso respecto al *orbis terrarum* en el nuevo sentido que se le ha concedido.

Advertimos así, en primer lugar, que la contradicción arriba señalada sólo es aparente, puesto que no la hay si se distingue entre los dos sentidos que se le dan al concepto de *orbis terrarum*; pero, en segundo lugar, que en la tesis de la *Cosmopraphiae Introductio* se actualizó la crisis que se perfiló por primera vez cuando, durante su tercer viaje, Colón halló una masa de tierra austral cuya existencia amenazó la antigua visión cerrada y providencialista del mundo. La cosa es clara: desde el momento en que se aceptó que el *orbis terrarum* era capaz de trascender sus antiguos límites insulares, la arcaica noción del mundo como circunscrito a sólo una parcela del universo benévolamente asignada al hombre por Dios perdió su razón de ser, y se abrió, en cambio, la posibilidad de que el hombre comprendiera que en su mundo cabía toda la realidad universal de que fuera capaz de apoderarse para transformarla en casa y habitación propia; que el mundo, por consiguiente, no era algo dado y hecho, sino algo que el hombre conquista y hace y que, por lo tanto, le pertenece a título de propietario y amo. De suerte que si el *orbis terrarum* dejó de circunscribirse a sólo la Isla de la Tierra para abarcar al globo entero, tierras y aguas, se trata, no de una ampliación que agotó sus posibilidades, sino de un primer paso del proceso de apoderamiento del universo por parte del hombre. Y así, como acontecía respecto al Océano en la antigua concepción del mundo, el universo dejó de contemplarse como una realidad constitutivamente extraña y ajena al hombre, para convertirse en infinito campo de conquista en la medida en que lo permita, no ya la bondad divina, sino la osadía y eficacia de la técnica del antiguo inquilino convertido en amo. Puede decirse, entonces, que cuando se admitió en la *Cosmographiae Introductio* que las nuevas tierras, pese a su aislamiento por el Océano, constituían una de las partes integrantes del mundo, se reclamó por vez primera la soberanía del hombre sobre la realidad universal. Y así y por eso, cuando más tarde aparecieron nuevas masas de tierra incógnita, automáticamente quedaron incluidas en el mundo, sin necesidad de repetir el complicado y penoso proceso que fue menester en el caso de América, y sin que a nadie se le hubiere ocurrido de hablar de nuevos y desconcertantes "descubrimientos" como el que se supone realizó Colón.

Pero esta formidable revolución, tan velada por la idea de que América apareció gracias a un portentoso descubrimiento, revolución que, sin embargo, no dejó de reflejarse en las nuevas ideas astronómicas que desencadenaron a la Tierra de su centro para convertirla en alado carro observatorio del cielo, fue un cambio cuyas consecuencias trascendieron más allá de su aspecto meramente físico, porque es claro que si el mundo perdió su antigua índole de cárcel para convertirse en casa abierta y propia, es porque, a su vez, el hombre dejó de concebirse a sí mismo como un siervo prisionero para transfigurarse en dueño y señor de su destino. En vez de vivirse como un ente predeterminado en un mundo inalterable, empezó a concebirse como dotado de un ser abierto, el habitante de un mundo hecho por él a su semejanza y a su medida.

Tal, ya se habrá advertido, fue la gran mudanza que caracteriza esa época que llamamos el Renacimiento; pero tal, también, el sentido trascendental del proceso que hemos llamado de la invención de América. Hagamos un alto, entonces, para insistir que al inventar a América y más concretamente, al concebir la existencia de una "cuarta parte" del mundo, fue como el hombre de la Cultura de Occidente desechó las cadenas milenarias que él mismo se había forjado. No por casualidad América surgió en el horizonte histórico como el país del porvenir y de la libertad. Pero sobre este sentimiento, tan entrañablemente vinculado a la historia americana, hemos de volver más adelante.

II

Después de la tesis propuesta en la *Cosmographiae Introductio* el proceso cambió diametralmente de orientación: en lugar del intento de explicar las nuevas tierras dentro del marco de la antigua visión del mundo, fue necesario modificar ésta para acomodarla a las exigencias planteadas por el reconocimiento de una entidad geográfica imprevista. Por consiguiente, la cuestión que ahora debemos considerar consiste en determinar cuál fue la nueva visión del mundo y cuál el sentido —es decir, el ser— que, dentro de ella, correspondió a las nuevas tierras.

En el texto pertinente de la *Cosmographiae Introductio* se nos brinda de inmediato una respuesta, a saber: que las tierras nuevamente halladas son una de las partes del mundo, concretamente, la "cuarta parte", puesto que antes sólo eran tres las partes que lo integraban. Pero esta respuesta requiere una explicitación porque, a poco que se reflexione, se advierte que el sentido y ser atribuido a la nueva entidad geográfica ofrece dos vertientes. Por un lado, América fue equiparada a las otras tres partes, es decir a Europa, Asia y África; pero, por otro lado, no se confunde con ninguna de ellas. Debemos inquirir, entonces, primero, en qué sentido se trata de entidades semejantes; segundo, por qué motivo son distintas. Cuando hayamos despejado ambas incógnitas se hará transparente la estructura del ser americano.

III

Para descubrir en qué sentido América fue considerada como una entidad equiparable a Europa, Asia y África, hace falta aclarar la condición que hizo posible relacionar las nuevas tierras, no ya con el *orbis terrarum* como una unidad, sino, individualmente, con las tres entidades en que era tradicional dividirlo.

Pues bien, si tenemos presente que el Océano, según ya explicamos, quedó incluido en el *orbis terrarum*, la respuesta es obvia. En efecto, puesto que por ese motivo el Océano cesó automáticamente de delimitar al mundo, la separación que sus aguas imponen a las porciones de tierra no sumergida ya no implica una discontinuidad propiamente dicha, sino un mero accidente geográfico que, como en caso de un río o de una cordillera, demarca provincias o porciones distintas de una extensión de tierra que, no por eso, deja de ser continua.

Resulta, entonces, que, por distinta que pueda parecer, la separación oceánica entre América y la antigua Isla de la Tierra es de igual índole a las que individualizan geográficamente a Europa, Asia y África, y así comprendemos que la equiparación de América a esas tres entidades no solamente era posible, sino obligada, porque de no hacerse se recaería en la situación original de concebir las nuevas tierras como una entidad extraña y ajena al mundo, tal como, de hecho, las concibieron Colón y Vespucio cuando toparon con una masa de tierra que no podían explicar como perteneciente a la Isla de la Tierra y que, por eso, les pareció ser un "nuevo mundo".

Estas consideraciones nos enseñan que el supuesto fundamental de la tesis de la *Cosmographiae Introductio* consiste en considerar la totalidad de la tierra no sumergida como un todo continuo, pese a las separaciones marítimas y que, de esa manera, se opera una inversión radical, porque en lugar de la antigua unidad del Océano que dividía a la tierra en masas separadas, es ésta, la tierra, la que divide al Océano en mares distintos. El concepto de insularidad dejó, por consiguiente, de ser propiamente aplicable a las grandes masas de tierra para caracterizar, en cambio, a las extensiones marítimas o para expresarlo más gráficamente, en lugar de que la tierra aparezca integrada, como antes, por unas islas gigantescas, es el mar el que aparece formado por enormes lagos. No sorprenderá, entonces, que en la medida en que se fue afirmando la hipótesis de la *Cosmographiae Introductio* los cartógrafos, entre las vacilaciones que siempre acompañan la marcha de una idea revolucionaria,[1] hayan cedido a la tentación de poblar los espacios antes reservados al mar con cada vez mayores extensiones de hipotéticas tierras, hasta que los océanos acabaron por ofrecer realmente el aspecto de grandes cuerpos de agua ceñidos por la inmensidad de la tierra circundante. Así, por ejemplo, en el planisferio de Ortelio de 1587.[2] (*Lámina X.*)

Pero si equiparar a América con las tres partes en que, desde antiguo, se venía dividiendo la Isla de la Tierra supuso ver en toda la superficie no sumergida un todo continuo, debemos concluir que Europa, Asia, África y América resultan ser, literalmente, tierras contiguas, independientemente del espacio de mar que existe entre las tres primeras y la última; y así descubrimos que el nuevo concepto geográfico que define a esas entidades es el de ser tierras "continentes", si nos atenemos a la acepción original de ese término.[3] En rigor, pues, el mundo ya no se divide en "partes", ni se tienen a la vista dos grandes islas, como lo exigía la antigua manera de visualizar el mapa del globo, sino cuatro continentes de una y la misma tierra.

Alcanzada la anterior determinación, todavía falta poner en claro la implicación fundamental de esa nueva concepción geográfica para descubrir, por fin, en qué consiste la semejanza que permitió equiparar a las nuevas tierras con las ya conocidas o dicho de otro modo, descubrir el fundamento que hubo en haberlas concebido, por igual, bajo la nueva especie geográfica de "continentes".

IV

Con toda evidencia, el hecho de considerar que Europa, Asia, África y América son semejantes en cuanto tierras continentes, es decir, como porciones de un todo sin solución de continuidad, no puede significar que sean iguales, ni por su tamaño y forma, ni por las demás peculiaridades que las distinguen entre sí. Resulta, entonces, que la semejanza que permitió equipararlas tiene que remitir a algo que les sea común, pero de manera que no cancele sus diferencias individuales. Y en efecto, es obvio que si, con ser distintos, se estima que los cuatro continentes son semejantes, sólo puede ser porque, como porciones de un mismo todo, se supone que participan, por igual, de la naturaleza de ese todo. Se trata, por lo tanto, de cuatro entidades diferenciables por sus accidentes, pero semejantes por su índole, del mismo modo que lo son, pongamos por caso, cuatro hombres de distinta edad y condición que, a pesar de eso, son semejantes en cuanto se les postula una común naturaleza, o si se prefiere, un mismo tipo de estructura interna. Así vemos, entonces, que cuando en la *Cosmographiae Introductio* se afirmó que habían aparecido unas tierras antes desconocidas, pero que deben considerarse en su conjunto como una de las "partes" del mundo a igual título que ya lo eran Europa, Asia y África, lo que se afirma en el fondo es que aquellas nuevas tierras no sólo son equiparables a éstas por su tamaño o importancia, sino porque todas participan de la misma estructura interna, o mejor dicho, porque todas están hechas de acuerdo con un mismo tipo o modelo, el tipo o modelo, en efecto, según el cual está hecho el todo del que esas entidades no son sino partes.

Estas reflexiones nos permiten afirmar, por lo tanto, que si se pudo equiparar a América con Europa, Asia y África fue, no sólo porque se supuso, según ya vimos, la continuidad de la superficie terrestre, pese a la discontinuidad que parece imponerles el mar, sino, más profundamente, porque se supuso la unidad fundamental de esa superficie desde el punto de vista de su estructura interna o naturaleza. Pero si esto es así, comprendemos que el concepto de "continente", bajo cuya especie se nos entregó la idea de "partes" del orbe dentro de la nueva visión del mundo, trasciende la significación que tiene en el orden meramente geográfico, y así, en lugar de sólo aludir a unas porciones determinadas de la superficie terrestre consideradas como contiguas, alude a esas mismas porciones, pero consideradas como unos entes dotados de una y la misma esencia o estructura, la estructura o esencia de las cosas físicas o naturales, según se la concebía en aquella época, puesto que la Tierra de que son "partes" no es sino una de esas cosas. Se trata, pues, de unos entes no sólo equiparables, sino semejantes, porque, para decirlo en términos de la época, los elementos que los constituyen son los mismos,[4] y así, las peculiaridades que ofrecen las nuevas tierras respecto a las ya conocidas en nada puede alterar aquella común esencia.

Ése fue, pues, el sentido que se concedió al conjunto de las nuevas tierras al equipararlas a Europa, Asia y África, y tal, por lo tanto, la comunidad en el ser que se les postuló a unas y otras al quedar concebidas como tierras contiguas, independientemente de la separación oceánica, o para decirlo más propiamente, al quedar concebidas como "continentes" del orbe terrestre.

Ahora bien, con lo anterior únicamente hemos aclarado el ser de que fueron dotados esos entes geográficos al afirmar su semejanza en cuanto "partes" del mundo, pero ese ser se atiene exclusivamente al aspecto físico o corporal de dichos entes. Nada sabemos aún del ser que puede corresponderles desde el punto de vista de las diferencias que los distingue, porque no por tener una naturaleza física común pierden su individualidad. Ésta, por otra parte —ya lo advertimos—, no puede cifrarse en forma, extensión, ubicación y peculiaridades naturales o como se decía entonces, en "extrañezas" de naturaleza, meros accidentes de la esencia subyacente. Se tratará, pues, de otra esfera o provincia del ser, y ésa es la incógnita que intentaremos disipar en los siguientes apartados.

v

La idea de que el *orbis terrarum*, la Isla de la Tierra que alojaba al mundo, contenía tres entidades distintas, Europa, Asia y África es una noción cuyo origen se remonta a Hecateo, quien, al parecer, fue el que introdujo en la división bipartita conocida por Homero —regiones del norte y regiones del sur— una distinción que, andando el tiempo, acabó por afirmarse como la "tercera parte" del mundo. Herodoto da cuenta de esa novedad,[5] y aunque, en principio, se atiene a la división antigua, cuyas partes ya se conocían con los nombres de Europa y Asia,[6] de hecho acepta la modificación de Hecateo, puesto que le concede a Libia, es decir a África, un tratamiento por separado. Y si de una mirada abarcamos el gran despliegue de la ciencia geográfica en la Antigüedad representado, a partir de Herodoto, por Eratóstenes, Hiparco, Polibio, Estrabón, Mela, Plinio, Marino y Tolomeo para sólo mencionar lo más ilustre, se advierte que la división tripartita se fue afirmando y precisando hasta convertirse en la base imprescindible de la organización de aquella disciplina.[7]

Pero importa mucho comprender que no se trata de una distribución meramente territorial como, por ejemplo, la que divide en estados o provincias a una nación moderna, sino de la interna y constitutiva organización cultural del mundo. Y en efecto, Europa, Asia y África aparecen, en esa antigua concepción, como entidades territoriales, pero dotadas de un sentido que trasciende el orden puramente geográfico y que las individualiza desde el punto de vista moral o histórico. Integran, pues, una estructura de índole cualitativa del escenario cósmico en que se desarrolla la vida humana, pero no en un plan de igualdad, sino en una jerarquía que no remite primariamente a circunstancias naturales, sino a diferencias de índole espiritual. En esa jerarquía Europa ocupa el más alto peldaño,[8] pero no por razones de riqueza o abundancia, ni nada que se parezca, sino porque se estimaba como la más perfecta para la vida humana o, si se quiere, para la realización plenaria de los valores de la cultura.

Como tantas otras, el Cristianismo hizo suyas esas antiguas nociones, pero no sin proporcionarles, por su cuenta, un fundamento propio al elaborar, empezando con Dionisio el Areopagita, su visión del cosmos cimentada en la nueva fe y en la verdad revelada en las Escrituras. Fue así como la antigua división tripartita del mundo adquirió una categoría trascendental, según lo documenta, entre otros, San Agustín,[9] para quien los ciudadanos del cielo solamente podían hallarse en Europa, Asia y África, con la exclusión de otros posibles orbes alojados en el Océano.

Esta concepción metageográfica de los padres de la Iglesia fue recogida por los tratadistas cristianos posteriores, con el resultado de que la división tripartita echó hondas raíces en la conciencia religiosa al recibir renovado apoyo en múltiples interpretaciones alegóricas. Se vio en ella, ya el símbolo geográfico de la Santísima Trinidad, ya el fundamento histórico de la repartición de la Tierra entre los hijos de Noé o el de la bella leyenda de la adoración del niño Jesús por los tres reyes magos, ya, en fin, una ilustración de ciertos pasajes del Evangelio o un reflejo de la perfección mística del número tres.[10]

Ahora bien, si Europa ya ocupaba en la Cultura Clásica la más alta categoría entre las otras dos partes del orbe, con mucho mayor motivo conservó ese privilegio en el pensamiento cristiano. En efecto, no sólo se aceptó que encarnaba la civilización más perfecta desde el punto de vista del hombre natural, sino que era el asiento de la única verdadera civilización, la fundada en la fe cristiana y principalmente en el sentido histórico trascendental del misterio de la Redención. Europa, pues, sede de la cultura y asiento de la Cristiandad, asumía la representación del destino inmanente y trascendente de la humanidad, y la historia europea era el único devenir humano preñado de auténtica significación. En suma, Europa asume la historia universal, y los valores y las creencias de la civilización europea se ofrecen como paradigma histórico y norma suprema para enjuiciar y valorar las demás civilizaciones. Tal el sentido moral y cultural de la estructura jerárquica de la división tripartita del mundo,[11] y ahora debemos ver lo que aconteció a ese respecto cuando la experiencia obligó a reconocer que existía una "cuarta parte" que la tradición científica y religiosa no había previsto.[12]

VI

En páginas anteriores explicamos que al concebir a las nuevas tierras como una entidad equiparable a Europa, Asia y África, se postuló, implícitamente, que todas ellas tenían una misma estructura física, un mismo tipo de cuerpo. A ese respecto, pues, América no ofreció ninguna novedad esencial. Es obvio, sin embargo, que esa comunidad de naturaleza no entrega una cabal identificación del nuevo ente, puesto que falta determinar el ser moral o histórico que debería corresponderle como "cuarta parte" del orbe.

Pues bien, en la medida que se fueron explorando y reconociendo las nuevas tierras se acumuló una serie de noticias acerca de sus habitantes, sus creencias, sus instituciones, sus costumbres, etc. Pero es claro que mientras subsistió el intento de explicar aquellas regiones como una porción de la Isla de la Tierra, concretamente, como asiáticas, no se ofreció la gran duda que podían sugerir dichas noticias, la duda acerca de la índole de los nativos, puesto que, por extraños que pudieran parecer, no había motivo para excluirlos del género humano en cuanto como autóctonos del *orbis terrarum*. Ésa, en efecto, fue la solución que dio San Agustín a la duda respecto a la humanidad de los hombres monstruosos que se suponía habitaban regiones extremas e inexploradas de aquel orbe. Pero cuando se aceptó, por fin, que se estaba en presencia de una masa de tierra separada de la que alojaba al mundo, masa que, sin embargo, quedaba incluida en él, fue necesario suponer *a priori*, como lo supuso San Agustín respecto a los monstruos, que sus habitantes eran hombres. De otro modo se pondría en crisis el dogma de la unidad fundamental del género humano. Era necesario, sin embargo, dar apoyo empírico a esa suposición y mostrar que, pese al desconocimiento en que estuvieron esas tierras y a todos los impedimentos geográficos, esos hombres descendían del tronco común de la pareja original. Esta exigencia suscitó el famoso problema del "origen del indio americano" que tanto preocupó a los cronistas de Indias y cuya solución condujo a algunos a postular hipotéticamente la existencia de un estrecho de mar como el que hoy conocemos con el nombre de Behring.[13]

Vemos, entonces, que la concepción de las nuevas tierras como cuarta parte del mundo no sólo implicó la idea de que, no obstante sus extrañezas de naturaleza, los elementos físicos eran los mismos que en las otras partes ya conocidas, sino la de que los naturales de aquellas tierras, cualesquiera que fueran sus costumbres, participaban en la misma naturaleza que la de los europeos, asiáticos y africanos, o para decirlo en términos de la época, que también descendían de Adán y podían beneficiar del sacrificio de Cristo.

Gracias a ese reconocimiento, las civilizaciones indígenas quedaban integradas, es cierto, al curso de la historia universal; pero, por la misma razón, no quedaban excluidas de las consecuencias de la concepción jerárquica de la misma. Esas civilizaciones, pues, no podían aspirar a ser estimadas como expresiones *sui generis* de un modo peculiar de realizar la vida humana y quedaban sujetas al juicio que les correspondiera en referencia a la cultura cristiana, erigida, como ya vimos, en el modelo dispensador de significación histórica. A esta situación responde el no menos célebre problema acerca de la naturaleza e índole del indio americano, y en cuyo debate fueron principales protagonistas el padre fray Bartolomé de las Casas y el humanista español Juan Ginés de Sepúlveda.

Considerada en la perspectiva en que nos hemos colocado, esa sonada polémica se reduce al intento de determinar el grado en que la vida indígena americana se conformaba al paradigma cristiano, y si bien los intereses y la pasión no dejaron de intervenir, lo importante es que, aun en la tesis más favorable a los indios, no se pudo conceder más sentido positivo a sus civilizaciones que el de estimarlas como formas de vida humana de alto rango; pero que, en definitiva no trascendían la esfera de las posibilidades del hombre en cuanto ente de la naturaleza; el haber permanecido al margen de la enseñanza del Evangelio los indios no habían podido realizar la "verdadera" humanidad. Tal, en esencia, la tesis de la *Apologética historia* del padre Las Casas, ese formidable alegato en favor de las culturas americanas.

La consecuencia de la reducción de esas culturas a sólo la esfera propia a la sociedad natural fue que el ser *sui generis* que hoy se les aprecia quedó cancelado como carente de significación histórica "verdadera" y reducido a la nula posibilidad de recibir los valores de la cultura europea; a la posibilidad, en una palabra, de realizar en América otra Europa, y ése fue el ser, por consiguiente, con el que, en el orden moral, fue inventada aquélla.

VII

El ser concedido a las nuevas tierras, el de la posibilidad de llegar a ser otra Europa, encontró su fórmula adecuada en la designación de "Nuevo Mundo" que, desde entonces, se emplea como sinónimo de América. Esa designación, en efecto, indica, precisamente, la diferencia específica que individualizó en el orden histórico a la "cuarta parte" del mundo frente al conjunto de las otras tres partes, correlativamente designadas en su conjunto como el "Viejo Mundo". El significado de ambas designaciones resulta transparente, porque si en su acepción tradicional "mundo" quiere decir la porción del orbe terrestre providencialmente asignada para habitación del hombre, América resultó ser, literalmente, un mundo nuevo en el sentido de una ampliación imprevisible de la vieja casa o, si se prefiere, de la inclusión en ella de una parcela de la realidad universal, considerada hasta entonces como del dominio exclusivo de Dios. Se advertirá el importante matiz que separa esa trascendental manera de entender la designación de "Nuevo Mundo" del sentido que Colón y Vespucio le concedieron a esa misma designación. El nuevo mundo imaginado por ellos implicaba un dualismo irreductible, puesto que postulaba la existencia de un ente ya constituido en la condición y ser de "mundo", frente a otro igualmente acabado y hecho; nuevo, pues, sólo por la circunstancia de su reciente hallazgo. Pero la otra designación, la que surgió a consecuencia de la concepción de las nuevas tierras como "cuarta parte" del mundo, alude a un ente al que, es cierto, también se le concede el sentido de "mundo", pero sólo en cuanto posibilidad del otro que, nada más por ese motivo, se concibe como "viejo mundo". En el primer caso se trata de dos mundos distintos e irreductibles, motivo que obligó el rechazo de las intuiciones de Colón y de Vespucio; en el segundo caso, por lo contrario, se trata de dos modalidades de un único mundo: en potencia el uno, y en ese sentido "nuevo"; en acto, el otro, y en ese sentido "viejo".

Al habernos hecho cargo de la doble vertiente del ser americano podemos dar por concluido nuestro análisis y sólo nos resta puntualizar sus resultados. América, en efecto, fue inventada bajo la especie física de "continente" y bajo la especie histórica de "nuevo mundo". Surgió, pues, como un ente físico dado, ya hecho e inalterable, y como un ente moral dotado de la posibilidad de realizarse en el orden del ser histórico. Estamos en presencia, pues, de una estructura ontológica que, como la humana, supone un soporte corporal de una realidad espiritual. Vamos a concluir, entonces, que no sólo se debe desechar la interpretación según la cual América apareció al conjuro de un mero y casual contacto físico con unas tierras que ya estarían constituidas —no se explica cómo y por quién— en el ser americano, sino que debemos substituir tan portentoso acontecimiento por el de un proceso inventivo de un ente hecho a imagen y semejanza de su inventor. Pero un proceso que trascendió infinitamente su inmediato resultado, puesto que le abrió al hombre la posibilidad, en principio, de apoderarse de la realidad universal y, en la práctica, de cuanto de ella pueda conquistar su audacia y la excelencia de su técnica.

¡Qué distancia entre la grandiosa promesa de tan alta aventura y el engaño en la fama atribuida a un ciego hallazgo, por más que se le disfrace de revelación del ser de un ente que aún no existía, y que, de ser cierta, hubiera requerido nada menos que el concurso combinado de la omnipotencia y omnisciencia divinas!

VIII

Al haber hecho patente la estructura del ser americano hemos alcanzado nuestra meta. No queremos, sin embargo, poner punto final a estas reflexiones sin dejar planteada la gran cuestión que se desprende de ellas, la clave del sentido del acontecer histórico americano. En efecto, puesto que el ser moral con que fue inventada América es un ser *ab alio* en cuanto posibilidad de realizar la nueva Europa, se sigue que, en el fondo, la historia de América será el modo en que, concretamente, se actualizó esa posibilidad.

Pero de inmediato se advierte una disyuntiva a ese particular, porque el programa se cumplirá o bien adaptando las nuevas circunstancias a la imagen del modelo, considerado, pues, como arquetipo; o bien adaptando el modelo a las nuevas circunstancias, es decir, aceptándolo como punto de partida de un desarrollo histórico emprendido por cuenta propia. Las vías, pues, o de la imitación o de la originalidad.

Ahora bien, lo cierto es que en la historia se intentaron ambos caminos y así damos razón de inmediato del más notable rasgo del acontecer americano: la existencia, de otro modo desconcertante, de las dos Américas, la latina y la sajona. Asunto tan voluminoso pide, claro está, una descripción detallada y documentada que excede los límites del presente estudio; no renunciamos, sin embargo, a las indicaciones más urgentes.

El primer camino, hemos dicho, consiste en adaptar las nuevas circunstancias a la imagen del modelo, y no por eso, ciertamente, América deja de ser sí misma puesto que cumple el programa original de su ser histórico. Ahora bien, ése fue el rumbo que, en términos generales, orientó la acción ibérica en el Nuevo Mundo. Si se examinan los principios que la guiaron en su política colonizadora, ya en la esfera de los intereses religiosos, políticos y económicos, ya en la relativa a la organización de las relaciones sociales, se advierte que la norma consistió en trasplantar en tierras de América las formas de vida europea, concretamente la ibérica. Pero lo decisivo al respecto es advertir el propósito consciente de perpetuar esas formas entendidas y vividas como entelequia histórica avalada por la voluntad divina. Esa finalidad se transparenta, no sólo, en la vigorosa e intolerante implantación del catolicismo hispánico y de las instituciones políticas y sociales españolas, sino en toda la rica gama de las expresiones artísticas, culturales y urbanas.[14] Ciertamente, la convivencia con una nutrida población indígena, que había alcanzado en algunas regiones un alto grado de civilización, fue el mayor obstáculo para realizar en pureza aquel programa;[15] pero, justamente, en los medios empleados para superarlo es donde mejor se aprecia la intención de adaptar las nuevas circunstancias al modelo. Efectivamente, en lugar de deshacerse del indio o simplemente utilizarlo sin mayor preocupación que la del rendimiento de su trabajo, España intentó de buena fe —pese al alud de críticas que se le han hecho— incorporarlo por medio de leyes e instituciones que, como la encomienda, estaban calculadas para cimentar una convivencia que, en principio, acabaría por asimilarlo y en el límite, igualarlo al europeo. España no conoció más discriminación racial que la consagrada en un cuerpo de disposiciones paternales y protectoras del indio contra la rapacidad y el mal ejemplo de los españoles, y si esas medidas no dieron el fruto esperado, debe reconocerse el propósito del intento que, a pesar de todo, no dejó de cumplirse de cierta manera en el mestizaje.

La América latina nunca fue tierra de frontera en el sentido dinámico de transformación que los historiadores norteamericanos, desde Frederick Jackson Turner, le conceden a aquel concepto, y a tal grado fue así que, aun en la dominación del medio ambiente natural, no hubo una acción generalizada de reforma de regiones inhóspitas, desérticas o selváticas, sino de explotación de las que parecían destinadas de suyo al cultivo y a la habitación del hombre. Vagamente persistía la antigua creencia de que el mundo era la parcela cósmica que Dios benévolamente había asignado al hombre sin derechos de propietario y señorío, y así, por ejemplo, cuando, ya a finales del siglo XVI el padre jesuita Joseph de Acosta da noticia de la ocurrencia de abrir un canal en la región de Panamá que uniera los dos océanos, además de parecerle pretensión vana por las dificultades técnicas, la considera sacrílega, y sería, dice, de temerse el castigo del cielo por "querer enmendar las obras que el Hacedor, con sumo acuerdo y providencia, ordenó en la fábrica del universo".[16]

Digamos, entonces, que en la historia colonial de la América latina tenemos la actualización del ser americano en una de sus dos vertientes. Se trata, sin duda, de una forma de vida auténtica en el sentido primario en que lo es toda vida; pero en otro sentido no puede menos de calificarse de mimética y aun de postiza. Y precisamente, el sentimiento de esa especie de inautenticidad o desequilibrio ontológico generó en el seno de la sociedad colonial el desasosiego que caracteriza el criollismo, ese fenómeno social cuyo principal resorte fue el de cobrar conciencia de un ser de alguna manera distinguible del hispánico.[17] Tan legítimo como noble anhelo no trascendió, sin embargo, la original limitación, porque si es cierto que el criollo ensayó un nuevo Adán americano, sólo logró constituirse en un tipo peculiar del español, pero español, al fin y al cabo. Hubo —los testimonios son abundantes— una especie de cultura criolla con rasgos que la distinguen de la peninsular, mas por sus raíces y por las creencias que la sustentaron no alcanzó la originalidad que le merecía el adjetivo de autónoma respecto al modelo que le dio la vida. No transformó su herencia y sus tradiciones mediante la adaptación a las circunstancias y plantar, así, un nuevo árbol en el escenario americano; simplemente reclamó su reconocimiento como frondosa rama del venerable tronco del modo de ser hispánico. Lo que puede considerarse como más propio de la modalidad criolla, a saber: el desaforado y genial abuso de ciertas formas hispánicas de la expresión plástica y literaria; la entrega sin reservas a la metáfora y a la anfibología en todos los órdenes de la vida; la delirante exaltación de verdaderas o supuestas excelencias naturales y morales propias; el rescate de la historia prehispánica como un devenir que no hacía excepción en el armonioso concierto de la marcha providencial del hombre hacia su destino sobrenatural, y en fin, el espaldarazo celeste e inmenso consuelo del portento guadalupano, fueron otros tantos senderos de afirmación propia, pero, por lo mismo, implican el reconocimiento de una encrucijada ontológica sin salida en cuya estrechez se participaba, sin embargo, con el orgullo de "fidelísimos vasallos de su majestad católica".

Y ¿qué decir de la historia posterior; de esas denodadas luchas inspiradas en el anhelo de libertad e independencia que rompieron aquel casi supersticioso lazo de fidelidad y abrieron paso a la aparición de naciones soberanas desligadas de la monarquía que las había prohijado? Sería de suponer que, por fin, advenido el criollo a una nacionalidad propia, quedaba roto el círculo mágico de un pasado que lo constreñía a la obligada imitación de un arquetipo. Me parece infundado acceder a tan halagüeña perspectiva cuya aceptación está más inspirada en buenos deseos que en el respeto a los hechos, porque no debe confundirse la independencia política, ni la económica y tecnológica, ni todas juntas, con la independencia ontológica que presupone un desarrollo original y autónomo. Un alud de testimonios nos enseña, no sólo la tenacidad conservadora de mantener la vigencia del ser hispánico, bajo el especioso argumento de que seguía siendo el "propio", sino, más importante, nos muestra la constricción en que se vieron las nuevas naciones de continuar por la vía imitativa que ha presidido la historia latinoamericana desde su cuna colonial. Y es que el engaño en aquella confusión estriba en no ver o en no querer ver que lo acontecido a partir del derrumbe de la Colonia fue una mudanza en el modelo, cosa bien distinta a dejar de tenerlo. La generalizada adopción de sistemas democráticos republicanos y la esperanza que de ese modo se salvaría de inmediato el abismo histórico creado por una España a la que se le había escapado el tren de la modernidad, bastan para indicar que el nuevo modelo, el nuevo arquetipo no fue sino la otra América que tanto deslumbró con su prosperidad y libertad a los pensadores políticos encargados de organizar las nuevas naciones.[18] Esa otra América, pues, donde el modelo europeo se había transfigurado en un nuevo orden social y cuyo protagonista era ese nuevo tipo de hombre histórico a quien, seguramente no por capricho, se le conoce y reconoce como el americano por antonomasia.

Y en efecto, eligiendo el segundo camino abierto a la realización del ser americano, el de adaptar el modelo a las circunstancias y no viceversa, la América anglosajona alcanzó
las más altas cumbres del éxito histórico que sólo puede negar
o regatear la pasión dictada por esa especie de resentimiento
agudo que Max Scheller calificó de "existencial". Cierto
que, a semejanza de la otra América, todo se inició por un
trasplante de creencias, costumbres, sistemas e instituciones
europeas; pero no lo es menos que, a diferencia con aquélla,
muy pronto se generalizó un proceso de transformación alen-
tado por el sentimiento de que las nuevas tierras no eran un
obsequio providencial para aumento del poderío y de la riqueza de la metrópoli, sino la oportunidad de ejercer, sin los
impedimentos tradicionales, la libertad religiosa y política y
de dar libre curso al esfuerzo y al ingenio personales. Así,
dentro de un marco abigarrado de creencias, de tradiciones, de costumbres y de temperamentos raciales, los grupos
que se fueron asentando fundaron, cada uno a su modo, la
Nueva Jerusalén de sus preferencias. Y en la medida en que
se fue penetrando y ocupando el inmenso continente, las vie-
jas formas de vida importadas de Europa: las jerarquías sociales, los títulos nobiliarios, los privilegios de clase y, muy
particularmente, los prejuicios contra los llamados oficios
mecánicos y las labores agrícolas, fueron cediendo para en-
gendrar nuevos hábitos y establecer bases no ensayadas antes
de la vida comunitaria.[19] En este programa de liberación y
transformación el indígena quedó al margen por su falta de
voluntad o incapacidad o ambas, de vincularse al destino
de los extraños hombres que se habían apoderado de sus te-
rritorios, y si bien no faltaron serios intentos de incorporarlo
y cristianizarlo, puede afirmarse que, en términos generales,
fue abandonado a su suerte y al exterminio como un hombre
sin redención posible, puesto que en su resistencia a mudar
sus hábitos ancestrales y en su pereza y falta de iniciativa en
el trabajo, se veía la señal inequívoca de que Dios lo tenía
merecidamente olvidado.

En contraste violento con los ideales señoriales y burocrá-
ticos de los conquistadores y pobladores españoles, empeña-

dos en obtener privilegios, premios, encomiendas y empleos, los hombres de la otra América elevaron a valores sociales supremos la libertad personal y el trabajo, y en vez de organizar como sistema la explotación de los nativos y de conformarse con cosechar riquezas donde Dios las había sembrado, se esmeraron en crearlas arrasando bosques, cegando pantanos y en general, transformando lo inútil en útil, lo yermo en fructífero y lo inhóspito en habitable.[20]

Fue así, pues, como se realizó la segunda nueva Europa; no nueva como réplica, sino como fruto del desarrollo de la potencialidad del pensamiento moderno, ya tan visible en la época en que Cristóbal Colón se lanzó al mar en busca de Asia. En la América anglosajona se cumplió la promesa que, desde el siglo xv, alentaba el mesianismo universalista propio a la Cultura Occidental. La historia de esa América es, sin duda, de cepa y molde europeos, pero por todas partes y en todos los órdenes se percibe la huella de un sello personal y de la inconformidad con la mera repetición,[21] y allí está, como imponente ejemplo, su constitución política, europea en la doctrina, pero al mismo tiempo, atrevida y original aventura de un pueblo con legítimos derechos a la autenticidad histórica.

Con esa realización plena del ser americano parece obvio que ya no se debe hablar de América como el "Nuevo Mundo", salvo por arrastre tradicional o en algún vago sentido que sólo sirve para sembrar confusión o de halago a quienes quieren ver en la América Latina no se sabe qué promesa de redención humana. Más que insistir en un viejo y un nuevo mundos debe decirse que surgió una nueva entidad que puede llamarse Euro-América y respecto a la cual el Océano de la geografía antigua sufre su última transformación al quedar convertido en nuevo *Mare Nostrum*, el Mediterráneo de nuestros días.

Pongamos fin a este apartado con la siguiente consideración: que así como el proceso inventivo del ser corporal de América puso en crisis el arcaico concepto insular del mundo geográfico, así, también, el proceso de la realización del ser espiritual de América puso en crisis el viejo concepto del mundo histórico como privativo del devenir europeo. Merced a esas dos contribuciones, principalmente ibérica, la primera, anglosajona, la segunda, el hombre de Occidente se liberó de la antigua cárcel de su mundo insular y de la dependencia moral del europeocentrismo de la vieja jerarquía tripartita. En esas dos liberaciones de tan alto rango histórico se finca la grandeza de la invención de América, el doble paso, decisivo e irreversible, en el cumplimiento del programa ecuménico de la Cultura de Occidente. Grandeza que lo es tanto más cuanto que, entre todos los proyectos de vida que se han imaginado y ensayado a lo largo de la historia universal, ese programa es el único con verdadera posibilidad de congregar a todos los pueblos de la Tierra bajo el signo de la libertad.[22] Que el alcance de esa meta implique un recorrido de violencia e injusticias, que durante él se corra, incluso, el riesgo de un holocausto atómico, no debe impedir la clara convicción acerca de la autenticidad de aquella suprema posibilidad histórica. El destino humano no está predeterminado por algún desenlace fatalmente necesario, y por eso no hay otra política en verdad humanista que no sea la de cooperar a la realización de aquella meta. Tengamos siempre a la vista la catástrofe que le sobrevino a la civilización ática, no por agencia del obscuro poderío lacedemonio, sino por las disensiones demagógicas y falso patriotismo que denunciaba Pericles como el verdadero enervante en la marcha de la civilización.[23]

NOTAS

ABREVIATURAS USADAS EN LAS NOTAS

1. Beaumont, *Aparato*. Fr. Pablo de la Concepción Beaumont, *Aparato para la inteligencia de la Crónica seráfica de la Santa Provincia de San Pedro y San Pablo de Michoacán de esta Nueva España*. México, 1932.
2. Bernáldez, *Historia*. Andrés Bernáldez, *Historia de los reyes católicos D. Fernando y doña Isabel*. Granada, 1856.
3. *Diario del primer viaje*. Cristóbal Colón, *Diario de su primer viaje*. Extracto de Bartolomé de las Casas. En Navarrete, *Colección* I, 1-166, y Raccolta I, i.
4. *Diario del tercer viaje*. Cristóbal Colón, *Diario de su tercer viaje*. Extracto de Bartolomé de las Casas. En Navarrete, *Colección* I, 242-76 y Raccolta I, ii, 1-25.
5. Fernando Colón. *Vida*. Fernando (o Hernando) Colón, *Vida del Almirante don Cristóbal Colón*. Edición, prólogo y notas de Ramón Iglesia. México-Buenos Aires, 1947.
6. Gómara, *Historia general*. Francisco López de Gómara, *Historia general de las Indias*. Zaragoza, 1522-53.
7. Herrera, *Décadas*. Antonio de Herrera y Tordesillas, *Historia general de los hechos de los castellanos en las islas y Tierra-Firme del Mar Océano*. Madrid, 1601 y 1615.
8. Humboldt, *Cosmos*. Alejandro von Humboldt, *Cosmos; essai d'une description physique du monde*. París, 1866-67.
9. Las Casas, *Historia*. Bartolomé de las Casas, *Historia de las Indias*. México-Buenos Aires, 1951.
10. Morison, *Admiral of the Ocean Sea*. Samuel Eliot Morison, *Admiral of the Ocean Sea. A life of Christopher Columbus*. Boston, 1942.
11. Navarrete, *Colección*. Martín Fernández de Navarrete, *Colección de los viajes y descubrimientos, que hicieron por mar los españoles desde fines del siglo xv, con varios documentos inéditos concernientes a la historia de la Marina Castellana y de los establecimientos españoles en Indias*. Madrid, 1825-37.
12. Nordenskiöld, *Atlas*. A. E. Nordenskiöld, *Facsimile Atlas to the Early History of Cartography with Reproductions of the most important Maps printed in the xv and xvi Centuries. Translated from the Swedish Original by Johan Adolf Ekelof and Clements R. Markham*. Estocolmo, 1889.

13. Nordenskiöld, *Periplus*. A. E. Nordenskiöld, *Periplus*. An *Essay on the Early History of Charts and Sailing-Directions, translated from the Swedish Original by Francis A. Bather*. Estocolmo, 1897.

14. O'Gorman, *La idea del descubrimiento*. Edmundo O'Gorman, *La idea del descubrimiento de América. Historia de esa interpretación y crítica de sus fundamentos*. México, 1951.

15. Oviedo, *Sumario*. Gonzalo Fernández de Oviedo y Valdés, *Sumario de la natural historia de las Indias*. México, 1950.

16. Oviedo, *Historia*. Gonzalo Fernández de Oviedo y Valdés, *Historia general y natural de las Indias, islas y Tierra-Firme del Mar Océano*. Sevilla, 1851-55.

17. Pedro Mártir, *Epistolario*. Pedro Mártir de Angleria, "Epistolario". Estudio y traducción por José López de Toro. I. Libros I-XIV. Epístolas 1-231. En *Documentos inéditos para la historia de España*. Tomo IX. Madrid, 1953.

18. *Raccolta*. *Raccolta di documenti e studi publicata dalla R. Commisione Colombiana per quarta centenario della scoperta dell'America*. Roma, 1892-96.

19. Vespucio, *Cartas*. Américo Vespucio. *El Nuevo Mundo. Cartas relativas a sus viajes y descubrimientos. Textos en italiano, español e inglés. Estudio preliminar de Roberto Levillier*. Buenos Aires, 1951.

PRÓLOGO

[1] Acosta, Joseph de, *Historia natural y moral de las Indias.* Estudio preliminar de Edmundo O'Gorman, Fondo de Cultura Económica, México, 1940.

[2] Edmundo O'Gorman, *Fundamentos de la historia de América.* Imprenta Universitaria, México, 1942, Véase especialmente la Segunda Parte, "Trayectoria de América".

[3] Edmundo O'Gorman, *Crisis y porvenir de la ciencia histórica.* Imprenta Universitaria, México, 1947.

[4] En un artículo intitulado "Historia y Vida" he expuesto mis ideas más recientes acerca de los mismos problemas. Véase *Diánoia Anuario de Filosofía,* II, 2. México, 1956.

[5] Edmundo O'Gorman, *La idea del descubrimiento de América. Historia de esa interpretación y crítica de sus fundamentos.* Ediciones del IV Centenario de la Universidad de México. Centro de Estudios Filosóficos. Imprenta Universitaria, México, 1951. Véase también mi polémica con el profesor Marcel Bataillon publicada con el título de *Dos concepciones de la tarea histórica, con motivo de la idea del descubrimiento de América.* Imprenta Universitaria, México, 1955.

[6] Edmundo O'Gorman, *La invención de América. El universalismo de la Cultura de Occidente.* Fondo de Cultura Económica, México, 1958.

PRIMERA PARTE

[1] Este tema lo desarrollé ampliamente en mi libro *La idea del descubrimiento de América.* En el presente trabajo aprovecho las investigaciones realizadas entonces y a ellas remito al lector que se interese por los detalles polémicos y documentales. Debo advertir, sin embargo, que he modificado algunas ideas, y, por consiguiente, la actual exposición representa mejor lo que ahora pienso sobre el particular.

[2] O'Gorman, *La idea del descubrimiento,* Primera Parte, I, 2.

[3] Las Casas, *Historia de las Indias* I, xiv. También Oviedo, *Historia,* Primera Parte, II, ii, y Gómara, *Historia general,* XIII.

[4] Véase Marcel Bataillon y Edmundo O'Gorman, *Dos concepciones de la tarea histórica con motivo de la idea del descubrimiento de América,* Imprenta Universitaria, México, 1955.

[5] Para un inventario, véase Jean Henry Vignaud, *Histoire Critique de la Grande Entreprise de Christophe Colomb,* París, 1917. Con el objeto de mostrar que la creencia en la leyenda del piloto anónimo no fue tan generalizada, se ha invocado el testimonio de Oviedo y de Las Casas, pero lo cierto es que estos autores no niegan la posible verdad de esa "leyenda", aunque se inclinan por considerarla dudosa. Oviedo, *Historia,* Primera Parte, I, ii y iv y Las Casas, *Historia,* I, xiv.

[6] Entre los más distinguidos historiadores que adoptan esta actitud se

encuentran Gaffarel, Gallois, Humboldt, Haebler, Morison, Roselly de Lorgues, Ruge y Tarducci.

[7] Enrique de Gandía, "Descubrimiento de América", en *Historia de América*, publicada bajo la dirección de Ricardo Levene, Buenos Aires, 1940, Vol. III, p. 8.

[8] Véase más adelante. Tercera Parte, V.

[9] Gómara, *Historia general*, XV.

[10] Enrique de Gandía, "Descubrimiento de América", *op. cit.*, en la nota 7 y Luis de Ulloa, *El pre-descubrimiento hispano-catalán de América en 1477*, París, 1928. Gandía, aprovechando trabajos de Jaime Cortesao, "El marino Pedro Vázquez de la Frontera y el descubrimiento de América", en *Boletín del Instituto de Investigaciones Históricas*, Buenos Aires, 1933, que identifica a Vázquez de la Frontera con Pedro Velasco citado por Hernando Colón, *Vida del Almirante*, IX y por Las Casas, *Historia*, I, xiii, y sugiere que se trata del personaje cuyos viajes debieron dar pie a la leyenda del piloto anónimo. Véase, Gandía, *Historia de Cristóbal Colón. Análisis crítico de las fuentes documentales y de los problemas colombinos*, Buenos Aires, 1942.

[11] Algo así parece indicar una frase de Oviedo, *Historia*, Primera Parte, II, vi. Dice: "Y de ver salido tan verdadero el Almirante, en ver la tierra en el tiempo que había dicho, se tuvo más sospecha que él estaba certificado del piloto que se dijo que murió en su casa, según se tocó de suso."

[12] Gonzalo Fernández de Oviedo y Valdés. *Sumario de la natural historia de las Indias*, publicado por primera vez en Toledo, a 15 de febrero de 1526.

[13] He aquí la frase: "Que, como es notorio, don Cristóbal Colón, primero almirante de estas Indias, las descubrió en tiempo de los católicos reyes don Fernando y doña Isabel, abuelos de vuestra majestad, en el año de 1491 y vino a Barcelona en 1492..." El error en los años, que deben ser 1492 y 1493, respectivamente, se debe, con toda probabilidad, a una falla de memoria.

[14] Sabemos de fijo que así concebía Oviedo esas tierras. Véase *Historia*, Primera Parte, XVI, Proemio.

[15] Oviedo, *Historia general y natural de las Indias, Islas y Tierra-Firme del Mar Océano*. La Primera Parte fue publicada en Sevilla, 1535.

[16] Oviedo, *Historia*, Primera Parte, II, i-iv.

[17] Francisco López de Gómara, *Historia general de las Indias*. Zaragoza, 1552-53.

[18] Gómara, *Historia general*, XIII y XIV.

[19] Así expresamente lo dice Oviedo, *Historia*, Primera Parte, II, iii.

[20] Fernando Colón, *Vida del Almirante D. Cristóbal Colón escrita por su hijo don Hernando*. La obra solamente nos ha llegado en la traducción al italiano de Alfonso de Ulloa. Venecia. 1571.

[21] Éste es el sentido de las tres causas que alega don Fernando para mostrar los motivos que, según él, tuvo Colón para persuadirse de la existencia de las tierras que salió a descubrir. Fernando Colón, *Vida*, VI-IX.

[22] *Ibid.* VI.

[23] Para una discusión más amplia sobre este modo de entender la obra de Fernando Colón, véase mi libro *La idea del descubrimiento*, Segunda Parte, IV, 2, y Bataillon y O'Gorman, *Dos concepciones sobre la tarea histórica, op. cit.*

[24] Sobre el particular, mi libro *La idea del descubrimiento*, p. 69, nota 15.

[25] Bartolomé de las Casas, *Historia de las Indias,* 1527-60. Publicada por primera vez en Madrid, 1875-76.

[26] *Ibid.* I, ii.

[27] *Ibid.* I, ii y v.

[28] *Ibid.* I, vi-xvi. También Fernando Colón, *Vida,* X.

[29] Mi libro *La idea del descubrimiento,* pp. 145-6.

[30] *Ibid.* p. 146. También, Las Casas, *Apologética historia,* XXII.

[31] Las Casas, *Historia,* I, i. "...cuanto los tiempos y edad del mundo más propincua es a su fin, ..."

[32] Véase mi libro, *La idea del descubrimiento,* pp. 152-3. A este respecto expresamente dice Las Casas que la hazaña de Colón consistió en que él fue "el primero que abrió las puertas de este mar océano, por donde entró y él metió a estas tierras tan remotas y reinos, hasta entonces tan incógnitos, a Nuestro Salvador Jesucristo". *Historia,* I, ii.

[33] Antonio de Herrera y Tordesillas, *Historia general de los hechos de los castellanos en las islas y Tierra Firme del Mar Océano.* La Primera Parte, que contiene las cuatro primeras Décadas, fue publicada en Madrid, 1601; la Segunda Parte, que contiene las cuatro Décadas finales, también en Madrid, 1615.

[34] Para una exposición detallada de la tesis de Herrera, véase mi libro *La idea del descubrimiento,* Tercera Parte, VI, 2.

[35] Para un cotejo entre los dos textos, *Ibid.* pp. 176-7.

[36] Fr. Pablo de la Concepción Beaumont, *Aparato para la inteligencia de la crónica seráfica de la Santa Provincia de San Pedro y San Pablo de Michoacán de esta Nueva España.* Último tercio del siglo xviii. Se trata de una larga introducción a la *Crónica de Michoacán* del mismo autor. La primera edición, pero incompleta, es de 1826; la edición completa, con la *Crónica,* Archivo General de la Nación, México, 1932. Es la edición que utilizamos.

[37] Para una exposición detallada de la tesis de Beaumont, véase mi libro *La idea del descubrimiento,* Tercera Parte, VII, 2 A.

[38] William Robertson, *The History of America,* Londres, 1777.

[39] Para una exposición detallada de la tesis de Robertson, véase mi libro *La idea del descubrimiento,* Tercera Parte, VII, 2 B.

[40] Martín Fernández de Navarrete, *Colección de los viajes y descubrimientos, que hicieron por mar los españoles desde fines del siglo xv, con varios documentos inéditos concernientes a la historia de la marina castellana y de los establecimientos españoles en Indias.* Madrid, 1825-37.

[41] *Ibid.* Introducción, lii.

[42] Washington Irving, *Life and Voyages of Columbus,* 1828.

[43] *Ibid.* I, v.

[44] Refiriéndose a la argumentación de don Hernando, dice: "...and the chain of deductions here furnished, though not perhaps the most logical in its concatenation, etc..." *Ibid.* I, v.

[45] *Ibid.* I, v.

[46] "Until his last breath he entertained the idea that he had merely opened a new way to the old resorts of opulent commerce, and had discovered some of the wild regions of the East." *Ibid.* XVIII, v.

[47] "When Columbus first touched a shore of the New World, even though a frontier island, he had achieved his enterprises; he had accomplished all

that was necessary to his fame: the great problem of the ocean was solved, the world which lay beyond its Western waters was discovered." Ibid. Apéndice, X.

[48] *Ibid.* Apéndice, XIV.

[49] Alejandro von Humboldt, *Cosmos; essai d'une description physique du monde.* París, 1866-67. Para noticias bibliográficas, mi libro *La idea del descubrimiento,* p. 267, nota 1.

[50] Para una exposición más detallada de la tesis de Humboldt, véase mi libro *La idea del descubrimiento,* Tercera Parte, X, 2.

[51] En Irving encontramos un eco claro de la tesis idealista explicitada tan magistralmente por Humboldt. Irving, *op. cit.,* XVIII, v.

[52] Kant, *Idea de una historia universal en sentido cosmopolita* (1784), Preámbulo.

[53] Samuel Eliot Morison, *Admiral of the Ocean Sea. A life of Christopher Columbus.* Boston, 1942.

[54] *Ibid.* VI.

[55] Es cierto que Morison dice que, en el tercer viaje, Colón "admitió que había encontrado un nuevo continente". *Ibid.* VI, Vol. I, p. 76, pero más adelante aclara que ese "otro mundo", según lo llamó Colón, no era para él sino un desconocido apéndice de Asia. *Ibid.* XXVII, Vol. 2, pp. 40-1.

[56] *Ibid.* VI, Vol. 1, p. 76.

[57] Ésta es la implicación que alienta en el fondo del materialismo contemporáneo que, ya se ve, no es sino la situación límite a que conduce el idealismo trascendental. Nuestro análisis muestra que se puede adoptar la siguiente secuencia, como esquema fundamental del desarrollo histórico de la filosofía de la historia: *1)* Providencialismo: la intención de los actos humanos radicada en Dios. 2) Humanismo trascendental: la intención radicada en el sujeto. 3) Idealismo trascendental: la intención radicada en los actos mismos, o sea en la Historia. 4) Materialismo trascendental: la intención radicada en el objeto. 5) Humanismo histórico: la intención radicada en el hombre, pero sin pretensiones de verdad absoluta.

[58] Morison, *Admiral of the Ocean Sea.* XVI, Vol. 1, p. 308.

Segunda Parte

[1] Lo mismo acontece respecto a las personas: para el hombre enamorado de una mujer, esa mujer *es* una persona muy distinta de la que es para aquel a quien resulta indiferente, porque en virtud, ya del amor que siente uno, ya de la indiferencia que experimenta el otro, ella queda dotada simultáneamente de dos modos de ser en razón de los dos diversos sentidos que se le conceden, bien que coinciden en la significación genérica: para ambos *es* una mujer, aunque codiciable y perfecta para el enamorado e indiferente y común para el otro.

[2] Durante la época formativa del Cristianismo, es decir, la patrística, se rechazó la noción de la esfericidad del universo y por lo tanto, de la Tierra. La lista de escritores a este respecto incluye a S. Clemente de Alejandría († *c.* 225), Eusebio de Cesárea († 340), Lactancia († 340), S. Basi-

lio († 379), S. Ambrosio († 397), Diódoro de Tarso († c. 394), S. Juan Crisóstomo († 407), Severiano de Gabala († c. 408), Teodoro de Mopsuestia († c. 428), S. Agustín († 430), Orosio († 417), Procopio de Gaza († c. 528), S. Cesáreo († 542), Cosmas († c. 547) y San Isidoro de Sevilla († 636).

3 En el orden espiritual se incluían, además, la zona de los bienaventurados y de los ángeles, colocada más allá de la esfera de los cuerpos celestes, y la zona infernal alojada en el centro de la Tierra.

4 "It must not be imagined that such philosophers as Empedocles thought that the elements were the substances that we know by the names of earth, water, air and fire on our earthly sphere. Here we find the elements only in combination. Thus the substances we know as water contains, according to the theory, a preponderance of elemental water, but contains also small amounts of the other three elements. The element water forms only the essence of water, an essence that we human beings can never apprehend." Charles Singer, A Short History of Science to the Nineteenth Century. Oxford. Clarendon Press. (Reprint, 1949), pp. 25-6.

5 A este respecto véase la tabla comparativa de medidas incluida por Morison en su Admiral of the Ocean Sea, I, 103.

6 Génesis, I, ix y x.

7 Estas dos tesis se conocen con los nombres de los mares abiertos y comunicados y de los mares cerrados, respectivamente. Los más destacados defensores de la primera fueron Patrocles (c. 270 antes de Cristo) y Eratóstenes (c. 276-C. 196) y de la segunda, Hiparco (siglo II antes de Cristo) y Tolomeo (siglo II de Cristo).

8 La hipótesis de la existencia de tierras antípodas nació de la supuesta necesidad de que hubiera otras masas de tierra no sumergidas por el océano que sirvieran de contrapeso a la Isla de la Tierra.

9 Pomponio Mela, De situ orbis. I, 4 y III, 7.

10 Se trata del famoso continente austral llamado la Antíctona. Sobre esto véase Armand Raineau, Le Continent Austral. París, 1893.

11 Estrabón, Geografía, I, iv 6; II, v 13, 34 y 43. En vista de que esas tierras en el océano estaban habitadas por hombres de distinta especie, el autor insiste, con lógica congruencia, que su estudio pertenecía al cosmógrafo y no al geógrafo, pues nada tenían que ver con su ciencia. Esta noción es el remoto antecedente conceptual de la polémica acerca de la humanidad o no del indio americano.

12 Para poder suponer eso era necesario recurrir a la improbable hipótesis que aventuró San Agustín para explicar la existencia de animales en las islas remotas después del Diluvio, a saber: que unos ángeles los habían llevado a ellas. Ciudad de Dios, XVI, 7.

13 "Mas digo yo: ¿No han oído? Antes cierto por toda la tierra ha salido la fama de ellos, y hasta los cabos de la redondez de la tierra las palabras de ellos." San Pablo, Romanos, X, 18. Pedro d'Ailly en el Capítulo 7 de su Imago Mundi expresamente cita ese texto como argumento habitual contra la posibilidad de que estuvieran habitadas las tierras antípodas. Véase Edmond Buron, Imago Mundi de Pierre d'Ailly, París, 1930. Esta edición contiene las notas marginales de Colón.

14 San Agustín. Ciudad de Dios, XVI, 9.

15 San Isidoro de Sevilla. Etimologías, XIV, v. 17. Migne. Patrologiae Cur-

sus Completus. Serie latina, Vol. 82, col. 512. El texto es como sigue: *"Extra tres autem partes orbis, quarta pars trans Oceanum interior est in Meridie, quae solis ardore nobis incognita est, in cujus finibus Antipodes fabulose inhabitare produntur."* Este texto de San Isidoro sirvió para mantener viva la tradición de la existencia de una *Terra Australis.* A este respecto es muy imporatnte un mapa diseñado a finales del siglo ix o a principios del siglo x para ilustrar el *Comentario al Apocalipsis* del Beato de Liébana, escrito en el siglo viii, que dio origen a todo un ciclo cartográfico. El original del mapa se conserva en la Pierpont Morgan Library. MS. 644. Reproducido por Lawrence C. Wroth, *"The Early Cartography of the Pacific",* lámina II. Publicado en *The Papers of the Bibliographical Society of America,* Vol. 38, No. 2, 1944. También Raban Mauro (*c.* 776-856) se autorizó del texto de San Isidoro para afirmar su creencia en una *Terra Australis* inaccesible, desconocida e inhabitada.

16 Aurelio Teodosio Macrobio (siglo v o vi de nuestra Era) escribió un *Comentario al Somnium Scipionis* de Cicerón, donde sostuvo la existencia de otras tres grandes islas comparables al *orbis terrarum,* habitables y probablemente habitadas por otro género de hombres. En el siglo x se diseñó un mapa para ilustrar estas ideas que también dio origen a un ciclo cartográfico. El mapa fue impreso por primera vez en Brescia, en 1483. *Macrobius, In Somnium Scipionis expositio.* Reproducido en Nordenskiöld, *Atlas,* lámina XXXI.

17 Manegold, abad de Marbach en 1103 escribió un opúsculo contra Wolfelm: *Magistri Manegoldi. Contra Wolfemum Coloniensem opusculum.* Siglo xii, por la fe incondicional que prestaba a las ideas expuestas por Macrobio que le parecían heréticas.

18 Para sólo citar los más notables, recordemos los viajes de Juan de Plan Carpin (1245), Nicolás de Ascelin (1247), Guillermo de Rubriquis (1253-54), los hermanos Polo (1260-69) y Marco Polo (1271-95).

19 *Esdras,* lib. IV.

20 Bacon, *Opus Majus,* Vol. I, p. 16. Traducción de R. B. Burque. Filadelfia, 1928. El capítulo 8 de *Imago Mundi* de Pedro d'Ailly es una copia casi textual del texto de Bacon. Colón, a su vez, copió a d'Ailly en su famosa *Carta* de 1498, referente a su tercer viaje. *Raccolta,* I, ii, 26-40.

21 Simplicius, *In Aristotelis de Coelo commentarii,* II, 14. Edición Karsten, p. 243. Para una exposición renacentista de esta tesis, Pedro d'Ailly, *Imago Mundi,* cap. 4. Copérnico todavía se vio obligado a combatir esta tesis. *De Revolutionibus Orbium Coelestium:* "De cómo la tierra y el agua forman un solo globo."

22 Véase Roberto Anglicus, *Comentario a Sacrobosco* (1271), Ristoro d'Arezzo, *La composizione del mondo* (*c.* 1282), Bernardo de Verdun, *Tractatus super Astrologiam* (fines del siglo xiii o principios del siglo xiv), Cecco d'Ascoli, *Comentario a Sacrobosco* (principios del siglo xiv), Dante, *Quaestio de aqua et terra* (1320) y Juan Miguel Alberto de Carrara, *De Constitutione Mundi* (finales del siglo xv). La noción de la existencia de una montaña de mar perduró hasta el siglo xvii, y ya encontraremos un eco de ella en Colón.

23 Para un documento cartográfico que ilustra esta idea, véase el mapa del mundo del Atlas de Andrea Bianco, 1436. Referencias: Kretschmer, *Portolane,* pp. 130-1, No. 33. Reproducido: Nordenskiöld, *Periplus,* p. 19,

²⁴ La primera edición impresa de la *Geografía* de Tolomeo con mapas es de Bolonia, 1477, falsamente fechada como de 1462. Es mejor la edición de Ulm de 1482. El mapa del mundo de esta edición está reproducido en Nordenskiöld, *Atlas*, lámina XXIX. En el *Mapa del mundo*. *Anónimo genovés*, 1457: E. L. Stevenson, *Genovese World Map*, Nueva York, 1912, y en el de Fra Mauro, 1459: Nordenskiöld, *Periplus*, pp. 62-3, 140-1, África ya aparece como una enorme península.

²⁵ Henry J. Vignaud recogió en su *Histoire Critique de la grand entreprise de Christophe Colomb*, París, 1911, todos los textos relativos.

²⁶ En el mapa de Tolomeo el continente de Asia no aparece completo, sino que está cortado por un meridiano de longitud (el 180° de longitud este de la geografía tolomaica) indicando que se prolongaba mucho más hacia el oriente.

²⁷ Viaje de Bartolomé Días (1487-88) en que se descubrió el Cabo de Buena Esperanza.

²⁸ Pedro d'Ailly, *Imago Mundi*, cap. 15. Apostilla 75 de Cristóbal Colón: *"Debet intelligi quod frons Indie que est versus nos id est Hispaniae se extendit a borea usque in tropico Capricorni."*

²⁹ Así aparece el litoral atlántico de Asia en los citados mapas *Anónimo genovés* de 1457 y Fra Mauro de 1459. Véase atrás la nota 24.

³⁰ Esta tesis que postulaba una península adicional encontró su expresión cartográfica en el famoso Globo de Martín Behaim, 1492 (E. G. Ravenstein, *Martin Behaim: his Life and his Globe*, Londres, 1908) y en el Mapa del Mundo de Henricus Martellus Germanus, 1489-92. (Nordenskiöld, *Atlas*, p. 57 y *Periplus*, p. 128). Para una explicación del origen de esta tesis, Lawrence C. Wroth, *"The Early Cartography of the Pacific"*, *op. cit.*, en la nota 15. A este respecto es interesante, como un paso intermedio, el mapa del mundo de la Biblioteca de la Universidad de Leyden (entre 1482 y 1488) donde todavía se intenta salvar la noción tolemaica del Océano Índico como un mar cerrado. Buron, *Imago Mundi*, III, lámina XXIV.

³¹ Marco Polo, *Viajes*, III, 2.

³² La idea de que la tierra y el agua formaban un solo globo en lugar de dos esferas concéntricas ya se encuentra en Estrabón, *Geografía*, II, v. 5 y en Séneca, *Quaestionum Naturalium, Libri Septem*, III, 28.

³³ En esta noción coincidían la física antigua y la creencia en la afirmación bíblica de que Dios hizo al hombre con tierra. *Génesis*, II, 7.

³⁴ Estrabón, *Geografía*, II, v. 6 y v. 34 y Pomponio Mela, *De Situ orbis*, I, 4 y III, 7.

³⁵ Véase atrás, nota 11.

³⁶ Estrabón, *Geografía*, II, ii. 2. Según este texto, Parménides le concedía a la zona tórrida una extensión que excedía a la comprendida entre los círculos de los trópicos, que fueron fijados más tarde por Aristóteles como sus límites verdaderos.

³⁷ Posidonio dividió la esfera en siete zonas y Polibio en seis. Véase Estrabón, *Geografía*, II, ii. 3.

³⁸ Estrabón, *Geografía*, II, ii. 13. Eratóstenes y Polibio supusieron que el aire en el círculo ecuatorial era más templado que en las dos zonas tórridas colocadas a ambos lados.

³⁹ *Génesis*, I-IX.

⁴⁰ Cristóbal Colón, *Memoria o anotación para probar que las cinco zonas*

son habitables. (*c.* 1490.) El texto de este escrito se ha perdido, pero sabemos que existió por noticia de Fernando Colón (*Vida,* cap. 4) y del padre Las Casas (*Historia,* I, 3). Véanse, también, las apostillas de *Imago Mundi,* 16, 33, 40, 41 y 234 y de *Historia rerum ubique gestarum,* 2, 22 y 24.

41 *Salmos,* CXV, 16.

42 Para un examen del significado filosófico de estos sentimientos que acompañan la antigua concepción del mundo, véase Juan David García Bacca, *Antropología filosófica contemporánea.* Caracas, 1957.

43 Como todos saben, en Homero la Tierra es una isla rodeada por el Río Océano. El Museo Británico posee una tableta babilónica del siglo v antes de Cristo en que aparece esa arcaica representación de la Tierra. Se estima que es el testimonio cartográfico más antiguo que ha llegado hasta nosotros.

TERCERA PARTE

1 Así es habitual presentarlos. Véase, por ejemplo, Morison, *Admiral of the Ocean Sea.* I, p. 201 y II, pp. 47, 219, 307.

2 Al aceptar el objetivo asiático de la empresa de Colón lo hacemos con pleno conocimiento de las polémicas que al respecto se han suscitado. Muchos años de debates han acumulado una prueba abrumadora en favor de la verdad de ese objetivo. En todo caso la cuestión carece de importancia para nosotros, porque para la comprensión del proceso que vamos a reconstruir es indiferente que Colón haya concebido que había llegado a Asia después de hallar tierra, que en eso consiste la tesis disidente.

3 Segunda Parte de este libro, III, 1 y 2.

4 *Ibid.* IV, 1.

5 *Ibid.* IV, 3.

6 El texto de este famoso documento en Navarrete, *Colección,* II, v.

7 Segunda parte de este libro, V, 4. En las *Capitulaciones* (Navarrete, *Colección,* II, v) Fernando e Isabel se dejan ostentar como "señores que son", dice el texto, "de las dichas mares océanas" y envían a Colón a explorarlas, prometiéndole hacerlo almirante de ellas.

8 Véase arriba la nota 2.

9 *Diario del primer viaje de Colón, Raccolta,* I, i y Navarrete, *Colección* I, 1.

10 Las Casas, *Historia,* I, 44.

11 En la Carta (Barcelona, 30 de marzo de 1493) misma en que los reyes le dan la bienvenida a Colón, por su regreso, ya le encargan que se preocupe por organizar a la mayor brevedad un segundo viaje. Navarrete, *Colección,* II, xv.

12 *Ibid.*

13 El texto de la bula en Navarrete, *Colección,* II, xvii.

14 "...*per partes occidentales, ut dicitur, versus Indus, in mari Oceano...*". *Ibid.*

15 Véase la segunda bula *Inter caetera,* junio de 1493, antefechada 4 de mayo de ese año. La línea es de demarcación y no de partición como se dice habitualmente. El texto de la bula en Navarrete, *Colección,* II, xviii.

¹⁶ Tratado de Tordesillas, concluido el 7 de junio de 1494 y ratificado por la Santa Sede hasta 1506. En el tratado no sólo se modificó el trazo de la línea, sino su índole, porque aquí sí se trata de una partición del mundo conquistable entre España y Portugal.

Una circunstancia capital para entender el significado del convenio de Tordesillas es que en él se concibe ya el Océano como susceptible de señorío. España ya había dado claras indicaciones de tan inusitada pretensión. Navarrete, *Colección*, II, v y II, xli. Portugal, por su parte, abrigó iguales deseos en la interpretación que inútilmente quiso hacer valer del alcance de la bula *Aeternis regis*, de 22 de junio de 1481. Como el Papa no accedió en este punto de conceder soberanía sobre el Océano, ni a favor de España ni de Portugal, estas potencias se entendieron sobre el particular en Tordesillas, y fue así cómo el Océano quedó legalmente incorporado por primera vez al *orbis terrarum*. (Sobre esto, véase más adelante nuestro análisis de la *Cosmographiae Introductio*.)

¹⁷ La bula *Dudum siquidem* es de 26 de septiembre de 1493. En ella se confirmó la línea trazada en la segunda *Inter caetera* y de un modo expreso se amplió la concesión, donación y asignación "a todas y cualesquier islas y tierras firmes halladas y por hallar, descubiertas y por descubrir que, navegando o caminando hacia occidente o mediodía son o fueron o aparecieren, ora estén en las partes occidentales o meridionales y orientales de la India". Traducción castellana en Levillier, *América la bien llamada*, Kraft, Buenos Aires, 1948, I, 247-8.

¹⁸ A este respecto consúltese Tribaldo de Rossi, *Su libro de cuentas* (*Raccolta*, Fonti, II, 1), el *Compendio della Cronaca Delfina* (Resumen de Sanuto de la Crónica escrita por Pietro Dolfin. *Raccolta*, Fonti, II, 2), Pietro Parenti, *Crónica* (en Uzielli, *Toscanelli*, p. 34), Rolando Malipiero, *Crónica* (*Raccolta*, Fonti, II, 25), Lucas Fancelli (*Raccolta*, III, i, 165), Allegretto Allegretti, *Diario Sensi* (*Raccolta*, III, ii, 3), Battista Fregoso, *Crónica* (*Raccolta*, III, ii, 75) y Aníbal Zenaro o Januarius (*Raccolta*, III, ii, 141-2). Con excepción de Fregoso y Zenaro, todos emplean expresiones anfibológicas que revelan la duda acerca de la identificación con Asia de las tierras que había hallado Colón.

¹⁹ Pedro Mártir de Anglería. *Opus Epistolarum*. Alcalá de Henares, 1530. Primera edición castellana, con estudio y traducción de José López de Toro, en *Documentos inéditos para la historia de España*. Las cartas citadas por nosotros están incluidas en el primer tomo del *Epistolario* que corresponde al tomo IX de los *Documentos*. Madrid, 1953.

La cita a que se refiere esta nota es de la carta a Juan Borromeo, Barcelona, 14 de mayo de 1493. El pasaje relativo es como sigue: "*Post paucos indes dies rediit ab antipodibus occidius Christoforus quidam Colonus, vir Ligur, qui a meis Regibus ad hanc provinciam tria vix impetraverat navigia; quia fabulosa, quae dicebat, arbitrabantur. Rediit, preciosarum multarum rerum, sed auri praecipue que suapte natura regiones illae generat, argumenta tulit.*"

²⁰ Cartas, una al Conde de Tendilla y al Arzobispo de Granada, y la otra al Cardenal Ascanio Sforza. Ambas epístolas del 13 de septiembre de 1493. *Epistolario*, 133 y 134.

El texto dice: "*Mira res ex eo terrarum orbe, quem sol horarum quatuor et viginti spatio circuit, ad nostra usque tempora, quod minime te latet, trita cognitaque dimidia tantum pars, ab Aurea utpote Cheroneso, ad Gades nostras Hispanas, reliqua vero a Cosmographis pro incognita relicta est. Et si quae mentio facta, ea tenuis et incerta. Nunc autem, o beatum facimus! meorum Regum auspiciis, quod latuit hactenus a rerum primordio, intelligi coeptum est."* Epistolario, 134.

21 Carta al Arzobispo de Braga, Barcelona, primero de octubre de 1493. *Epistolario,* 135.

22 *Ibid.*

23 *Décadas. De Orbe Novo.* La primera edición es de Alcalá de Henares, 1530.

24 *Décadas,* Dec. I, lib. I, 13 de noviembre de 1493.

25 Pedro Mártir empleó por primera vez esa designación en su carta de primero de noviembre de 1493 dirigida al Cardenal Ascanio Sforza. *Epistolario,* 138.

26 En efecto, en la epístola a que se refiere la nota anterior Pedro Mártir escribió la siguiente frase: *"Colonus ille novi orbis repertor."* Ahora bien, estas palabras han sido traducidas habitualmente por "Aquel Colón, descubridor del Nuevo Mundo", así en mayúsculas, como si el autor se refiriera a un ente geográfico del cual afirma su descubrimiento por Colón. Se insinúa así que Pedro Mártir ya alude, en 1493, a ese ente que ahora llamamos el Nuevo Mundo y que le concede al viaje de Colón el sentido de haberlo descubierto. Claro que nada puede ser más falso, y si es cierto que los historiadores no llegan a tanto como aceptar tan flagrante equívoco, no es menos cierto que, como traducen aquellas palabras de Pedro Mártir del modo indicado, acaban por sembrar confusiones en que ellos mismos se ven cogidos. Véase, por ejemplo, el caso de Samuel Eliot Morison, *Admiral of the Ocean Sea,* II, pp. 40-1. El autor no parece comprender que Pedro Mártir se muestre escéptico respecto a la idea de Colón de haber llegado a Asia, y como, por otra parte, cree que la expresión *"novis orbis"* fue empleada en ese momento por Mártir como nombre propio, piensa que se refiere concretamente a las islas halladas como si fueran regiones asiáticas. Así, Morison acaba por atribuirle a Pedro Mártir, "el mismo error", dice, "que cometió Colón y al cual se adhirió obstinadamente toda su vida", cuando, precisamente, lo decisivo en la actitud de Pedro Mártir fue haberse resistido desde un principio a eso que Morison llama el "error" de Colón. Morison pretende apoyar su interpretación en una carta de Pedro Mártir de finales de 1494 (*Epistolario,* 142), sin advertir que en esa epístola el autor expone la opinión de Colón y no la propia.

27 Colón se inclinaba por creer que el litoral de la Tierra de Cuba era el de Asia, pero, en estas fechas, todavía tiene duda. Véase adelante la nota 31.

28 Segunda Parte de este libro, IV, 2.

29 Conviene dejar puntualizada la situación para quienes se interesen por los detalles.

A. Colón sospechaba la existencia de una renglera de islas que, tendida hacia oriente desde la Española, haría, de ser cierta, más breve la travesía del Océano. Se trataba de las islas de los caribes y entre ellas se contaba la sólo habitada de mujeres de que Colón tuvo noticia el primer viaje.

B. Respecto a la Española la preocupación teórica principal consistía, para Colón, en lograr identificarla con Cipango o con Ofir. También le quedaba por aclarar si la tierra contigua al Golfo de las Flechas formaba isla separada o si era la prolongación extrema oriental de la Española.

C. Tocante a la "Tierra de Cuba" o "Juana", existía una duda enteramente parecida a la anterior, porque Colón dejó sin averiguar si la posición del litoral que exploró era todo continuo o si había una separación de mar donde estaba el promontorio que llamó Cabo de Cuba en el primer viaje.

D. Pero la gran cuestión consistía en saber si Cuba era tierra insular o si formaba parte de tierra firme.

Si acaso se trataba de una isla, el proyecto consistía en proseguir la busca del continente, cuyo hallazgo era el deseo más vehemente del explorador y encargo especial de los reyes. Las Casas, *Historia*, I, lxxxi y xciv.

E. Por último, el programa incluía el propósito general de reconocer las más tierras posibles, y a este respecto Colón tendría presente aquella región que los naturales le habían asegurado quedaba hacia el sur y a la cual nombraron *Yamaye* (¿Jamaica?).

[30] Las Casas, *Historia*, I, xci, "...y bien la llamaron los indios Cibao, de ciba, que es piedra, cuasi pedregal, o tierra de muchas piedras". Lo mismo Bernáldez, *Historia*, cap. 121. Ver, además, Pedro Mártir, *Décadas*, Déc. I, lib. I, cap. 4, y I *Reyes*, IX, 28. También Pedro Mártir, *Epistolario*, 124. Carta de 9 de agosto de 1495.

Otro intento de identificación por parte de Colón fue con *Saba*. En esto ha habido algún equívoco. En realidad no parece que se trate de la Española, sino de la Isla Gorda, de difícil ubicación. Morison, *Admiral of the Ocean Sea*, II, pp. 79 y 81. Syllacio es quien afirma que se trata de la Española; pero debe responder a una mala inteligencia originada en un incidente relatado por Cuneo; *Raccolta*, III, ii, 107. Syllacio cree, por otra parte, que Colón está en la vecindad de Arabia, porque supone que el viaje fue por la vía de oriente y no a través del Océano. Ver Nicolo Syllacio *ad sapientissimum L. Mariam Sforzam*. Pavía, 1494. Es un relato basado en noticias de Guillermo Coma que enteró en el segundo viaje. *Raccolta*, III, ii, 83-94. Traducción inglesa en Thacher, II, pp. 243-62. La fantasía desbordada de Syllacio se advierte sobre todo en la parte en que relata la expedición de Ojeda y Gorbolán a Cibao en busca de oro.

[31] En la *Información y testimonio* acerca de la exploración de Cuba, Colón expresamente declara que al regreso del primer viaje estaba en duda si esa tierra era o no isla. Dice que "no declaró afirmativo que fuese tierra firme, salvo que lo pronunció dubitativo, y la había puesto nombre la Juana, a memoria del príncipe don Juan, nuestro señor". Navarrete, *Colección*, II, lxxvi.

[32] Las fuentes principales para esta segunda parte del viaje son Cuneo, *Raccolta*, III, ii, 103-7; Pedro Mártir, *Décadas*, Déc. I, lib. III; Bernáldez, *Historia*, caps. 119-31; Fernando Colón, *Vida del Almirante*, caps. liv-lx, y Las Casas, *Historia*, I, xciv-xcix.

Entre los incidentes más significativos para Colón debemos recordar aquí el nutrido archipiélago que encontró adyacente a la costa de Cuba; la noticia que dio un arquero de haber visto unos hombres con túnicas blancas; las huellas de unos animales que se tuvieron por leones y grifos, y el nombre de una provincia llamada Magón, que, naturalmente, creyó el almirante ser Mangi. A este último respecto Morison, *Admiral of the Ocean Sea*, II, p. 133, procede con mucha ligereza cuando, al comentar el pasaje relativo en Bernáldez, *Historia*, cap. 127, le atribuye la identificación de Magón con "la mítica tierra de sir John de Mandeville de Moré donde vivían los hombres con cola". Pero no es eso lo que dice Bernáldez. El texto de Mandeville: *Travels*, cap. 55.

El relato concerniente a los hombres con túnicas blancas en Bernáldez, *Historia*, cap. 128, Pedro Mártir, *Década*, Déc. I, lib. III, cap. 6, Las Casas, *Historia*, I, xcv y en Fernando Colón, *Vida del Almirante*, cap. lvii. Cuneo nada dice sobre el particular, y no parece tener razón Morison (*op. cit.*, II, p. 137) al asociar el episodio con lo que refiere Cuneo (*Raccolta*, III, ii, 102) acerca de los sacerdotes de los caribes. La explicación de Humboldt (*Examen Critique*, IV, p. 243) de que se trata de una confusión con grandes grullas blancas tiene por base los pasajes de Bernáldez (*Historia*, cap. 128), Pedro Mártir (*Déc.* I, lib. III, cap. 6) y Las Casas (*Historia*, I, xcv) donde se refiere que en ese sitio había grullas blancas mayores que las conocidas por los europeos.

Es Bernáldez (*Historia*, cap. 128) quien afirma que los rastros encontrados eran de grifos. Sobre estos animales fabulosos y la creencia en ellos, véase Mandeville, *Travels*, cap. 85.

[33] Información y testimonio acerca de la exploración de Cuba. 12 de junio de 1494. Navarrete, *Colección*, II, lxxvi.

[34] Bernáldez, *Historia*, cap. 123.

[35] Las Casas, *Historia*, I, xcix, se resiste a creer que Colón tuviera intenciones de pasar a las islas de los caribes para hacer esclavos. Es de temerse, sin embargo, que tal era su intención. Véase, Pedro Mártir, *Décadas*, Déc. I, lib. III, cap. 8.

[36] Véase, entre muchos testimonios que pueden citarse para documentar ese escepticismo, la Carta de Colón sobre su tercer viaje (Navarrete, *Colección*, I, pp. 244-5) y otra Carta de Colón transcrita en parte por el P. Las Casas. (*Historia*, I, cxxxvi.)

[37] Recuérdense los conmovedores esfuerzos de Colón por impresionar favorablemente a los reyes y al pueblo durante su recorrido desde Sevilla a Almazán donde estaba la corte. Bernáldez, *Historia*, cap. 131, y Las Casas, *Historia*, I, cxii.

[38] Por ejemplo, véanse los documentos en Navarrete, *Colección*, II, cix, cxiii, cxiv, cxxii, cxxv y cxxvi.

[39] *Real Provisión* acerca de los que querían ir a poblar a las Indias, y de los que deseaban ir a descubrir nuevas tierras. Abril, 10 de 1495. Navarrete, *Colección*, II, lxxxvi.

[40] Bernáldez, *Historia*, cap. 123. Durante el viaje de retorno Colón hizo una observación de un eclipse de luna y creyó que sus resultados confirmaban la medida de longitud que era necesaria para poder afirmar que había llegado al Quersoneso Áureo. (Las Casas, *Historia*, I, xcvi y xcviii, y Morison, *Admiral of the Ocean Sea*, II, 158-9 y 162 nota 16). El Dr. Chanca (*Carta*, Navarrete, *Colección*, I, pp. 198-224) no dudó que las nuevas tierras fueran Asia, pero su testimonio se refiere tan sólo a la parte del viaje que corresponde hasta la llegada a la isla Española. No dice, pues, nada acerca de la exploración de Cuba. El relato de Syllacio merecería un comentario detenido por la fantástica visión que tiene de las regiones halladas por Colón. Aquí baste advertir que, como el Dr. Chanca, su testimonio se refiere sólo a la primera parte del viaje, y que el autor está bajo la impresión de que

Colón circunnavegó el África, convirtiéndolo en un Vasco de Gama *avant la lettre*. Le parece que el almirante había repetido la supuesta hazaña del cartaginés Hannon; que llegó a unas islas cercanas al Golfo Arábigo, y que los caribes podían ser los *nisitae*, tribu marítima de los etíopes africanos, apelación que significa hombres con tres ojos, no porque los tuvieran, sino como alusión al tino infalible de sus flechas. Verdaderamente el pobre de Syllacio andaba muy despistado.

41 Cuneo, "Relato del Segundo viaje". *Raccolta*, III, ii, 107.

42 Pedro Mártir, *Epistolario*, 142, 152, 156, 158 y 164. Dos cartas son de finales de 1494 y las restantes de 1495.

43 Pedro Mártir, *Décadas*, Déc. I, lib. III. (Redactado en 1500.) El autor no se compromete con declaraciones expresas, pero se adivina que ha admitido ya para sus adentros la posibilidad de que, de ser Cuba parte de un continente, no era absolutamente forzoso que fuera el asiático. Eso parece indicar, en efecto, la manera en que alude a Cuba, ya como isla, ya como "la imaginada tierra firme" (en la traducción de Torres Asensio se emplea la expresión "el existimado continente"), ambigüedad que, indicando preferencia por la tesis insular, no deja de admitir la posibilidad contraria, pero sin comprometedoras identificaciones. Parece claro que la ausencia de indicios indiscutibles de asiaticidad pesa en el ánimo de Pedro Mártir lo suficiente para hacerlo titubear respecto a la supuesta enorme longitud de Asia, única premisa de donde depende, para él, la posible verdad de la creencia colombina.

4⋆ A este respecto deben tenerse presentes las dos expediciones de Gaboto patrocinadas por el rey de Inglaterra que se efectuaron en mayo-julio de 1497 y junio de 1498-99, respectivamente. Mucho más importante es la expedición española de mayo de 1497-octubre de 1498 que se supone fue capitaneada por Solís y que Levillier identifica como "primera navegación" de Américo Vespucio. La prueba cartográfica aducida por el historiador argentino parece contundente, aunque no ha convencido a todos. Véase *Mostra Vespuciana. Catálogo. Comitato onoranze ad Amerigo Vespucci nel quinto centenario della nascita*. Florencia, 1955. En todo caso, de acuerdo con esa prueba, e independientemente de los problemas concretos que suscita, resulta innegable que a principios del siglo XVI se tenían datos de la existencia de una gran masa de tierra al poniente de las islas y vecina a ellas.

45 Así se infiere de lo que afirma en su Carta sobre el tercer viaje en que dice que los reyes tienen ahora el monte Sophora que está en la isla Española. Navarrete, *Colección*, I, p. 244. Pierre d'Ailly, *Imago Mundi*, cap. 39, menciona ese monte como un promontorio en la India oriental donde Salomón enviaba su flota. Colón en una apostilla repite la noticia. Apostilla, 304 y además, las apostillas 374 y 500.

46 No parece casual que fue, precisamente, hasta 1495 cuando los portugueses decidieron hacer el viaje a la India, a pesar de que el Cabo de Buena Esperanza se había descubierto años antes. El viaje no lo emprendió Vasco de Gama sino hasta 1497.

47 Colón, apostilla Nº 36 a la *Historia rerum ubique gestarum* de Pío II (Æneas Sylvius Piccolomini).

48 Colón, Carta sobre el tercer viaje enviada a los reyes en octubre de 1498. *Raccolta* I, ii, 26-40. Dice Colón: "...y yo navegué al austro, con propósito de llegar a la línea equinoccial y de allí seguir al poniente hasta que la isla Española me quedase al septentrión".

⁴⁹ En el *Diario del tercer viaje. Raccolta*, I, ii, 5, expresamente se afirma ese propósito: "...y quiere ver (Colón) cuál era la intención del rey D. Juan de Portugal, que decía al austro había tierra firme". Sobre el mismo asunto, véase la Carta de los Reyes a Colón de 5 de septiembre de 1493. Navarrete, *Colección*, II, lxxi.

⁵⁰ Colón, *Diario del tercer viaje.* "Yo estoy creído que esta es tierra firme grandísima, de que hasta hoy no se ha sabido." *Raccolta*, I, ii, 22.

⁵¹ Segunda Parte de este libro, III, 3.

⁵² *Ibid.* III, 2.

⁵³ Colón, *Diario del tercer viaje.* (*Raccolta*, I, ii, 22.) En ningún momento parece que Colón haya identificado esta tierra firme que halló con la que había augurado el Rey de Portugal.

⁵⁴ Segunda Parte de este libro, III, 2 y 3.

⁵⁵ Colón, *Diario del tercer viaje.* Dice: "y si esta es tierra firme, es cosa de admiración, etc..." *Raccolta*, I, ii, 22.

⁵⁶ *Ibid. Raccolta*, I, ii, 24.

⁵⁷ Una interesante especulación sobre el Paraíso Terrenal en Las Casas, *Historia*, I, cxli-cxlv. Véanse las apostillas de Colón al *Imago Mundi* de d'Ailly, números 19, 40, 47, 313, 397 y 398.

⁵⁸ Carta sobre su tercer viaje, ya citada antes en estas notas. *Raccolta*, I, ii, 26-42. Escrita entre 30 de mayo y 31 de agosto de 1498, y enviada en octubre de ese año.

⁵⁹ Es interesante tratar de aclarar el sentido en que empleó Colón las palabras "otro mundo" para referirse a las tierras que había hallado. Examinemos los textos.

I. *Diario del tercer viaje. Raccolta*, I, ii, 18-9 y Las Casas, *Historia*, I, cxxxvi.

En un pasaje autoapologético que tiene el propósito de defender la empresa contra los maldicientes que pretendían desacreditarla, Colón aduce, entre otros, el argumento de que nunca antes un príncipe de Castilla hubiere ganado tierras fuera de España, y añade "ahora Vuestras Altezas ganaron estas tierras, *tantas*, que son otro mundo, y donde habrá la Cristiandad tanto placer, y nuestra fe, por tiempo, tanto acrecentamiento".

En este contexto, Colón alude a las tierras nuevamente halladas en este tercer viaje y en los anteriores, y parece claro que las califica de "otro mundo", por ser mucha su extensión y grandeza. En efecto, son "otro mundo", por ser "tantas".

II. *Carta de Colón sobre su tercer viaje. Raccolta*, I, ii, 28 y 40. Navarrete, *Colección*, I, pp. 244 y 263.

1. En el preámbulo de la carta Colón defiende de nuevo la empresa contra sus detractores. En este pasaje, sin embargo, se refiere a sólo las tierras halladas en los dos primeros viajes que, como sabemos, consideraba regiones asiáticas. Y repitiendo el argumento de que nunca antes un príncipe de Castilla hubiere ganado tierra fuera de España, añade, "que esta de acá (Colón escribe desde Santo Domingo en la isla Española) es otro mundo en que trabajaron Romanos y Alejandre y Griegos, para la haber con grandes ejercicios".

La idea es clara por lo que se refiere a la identificación de las tierras: se trata de las regiones extremas de Asia que los antiguos vanamente quisieron conquistar con grandes esfuerzos. Se infiere, pues, que si Colón las califica

de "otro mundo" no es en el sentido de ser tierras de que no se hubiere
tenido noticia antes. Esta inferencia está expresamente confirmada por otra
Carta de Colón enviada al Rey Católico en la misma fecha en que alude a
las tierras halladas en los dos primeros viajes como "tierra firme de los antiguos muy conocida y no ignota, como quieren decir los envidiosos e ignorantes". *Raccolta*, I, ii, 47. Es de suponerse, entonces, que en el pasaje que ana-
lizamos Colón empleó el término de "otro mundo" en el mismo sentido que
en la cita del *Diario*, o quizá en el sentido de que aquellas regiones, aunque
no ignoradas desde antiguo, constituyen algo distinto a lo habitual, como
cuando le dice, por ejemplo, de un europeo que se traslada a África que
va a vivir en otro mundo.

2. Ya casi al final de la Carta, Colón arremete de nuevo contra los ene-
migos de la empresa y repite el argumento de las citas anteriores: "ningunos
príncipes de España —dice— jamás ganaron tierra alguna fuera de ella, salvo
ahora que Vuestras Altezas tienen acá otro mundo, etc..."

En este caso puede suponerse que Colón se refiere al conjunto de las tierras halladas en los tres viajes, pero nada hay para hacernos pensar que empleó el término de "otro mundo" en un sentido distinto a los casos anteriores.

III. *Carta de Colón a doña Juana de la Torre* (Navarrete, *Colección*,
I, 274).

Quejándose Colón de los agravios que le han hecho, dice que debe ser
juzgado como capitán que salió de España "a conquistar hasta las Indias...
y adonde por voluntad divina he puesto yo el señorío del rey y de la reina
nuestros señores otro mundo".

Se advierte con claridad que si Colón afirma que ha puesto bajo la soberanía de la Corona de España "otro mundo" *en las Indias* (es decir, en
Asia) adonde fue a conquistar como capitán ese otro mundo no alude a unas
regiones de que no se tuviera conocimiento. Usa, pues, el término en el
mismo sentido que en los casos precedentes.

Podemos concluir, entonces, que Colón no empleó la designación de "otro
mundo" para referirse a una entidad desconocida, distinta y separada del
orbis terrarum, y mucho menos, claro está, para aludir proféticamente a
América como pretende el distinguido historiador norteamericano Samuel
Eliot Morison. *Admiral of the Ocean Sea*, II, pp. 268-9. Más adelante
veremos que Colón usó en una ocasión el término de "nuevo mundo" con
un sentido muy distinto a éste que hemos analizado.

60 Véase atrás, nota 45.

61 Carta de Colón sobre su tercer viaje. *Raccolta*, I, ii, 34-6. Pedro Mártir, *Décadas*, Déc. I, lib. 6 al final, consideró absurdas e ininteligibles estas
especulaciones de Colón. Sabemos que esta idea de una montaña de agua
no carece de antecedentes medievales. Véase Segunda Parte de este libro,
III, 3 y nota 22.

62 Véase Las Casas, *Historia*, I, cxlv.

63 Carta de Colón sobre su tercer viaje. *Raccolta*, I, ii, 37 y 38.

64 *Ibid. Raccolta*, I, ii, 39.

65 *Raccolta*, I, ii, 46-8.

66 *Ibid*. I, ii, 46 y 47.

67 Navarrete, *Colección*, I, 265-76.

68 San Juan, *Apocalipsis*, XXI, I: *Et vidi coelum novum, et terram no-
vam*. Isaías, LXVI, 22: *Quia sicut coeli novi, et terra nova, quæ ego fa-*

cio stare coram me, dicit Dominus: sic stabit semen vestrum, et nomen vestrum.

[69] Es significativo que Colón expresamente altera los textos citados por él cuando los aplica a la Tierra de Paria, porque en lugar de repetir "nuevo cielo y tierra" dice que emprendió "viaje nuevo al nuevo cielo y mundo, que hasta entonces estaba en oculto". Navarrete, *Colección*, I, pp. 267-68.

[70] *Raccolta*, I, ii, 164-6.

[71] Pedro Mártir, *Décadas*, Déc. I, lib. 6 al final.

[72] Véase José Toribio Medina, *El descubrimiento del Océano Pacífico; Vasco Núñez de Balboa*, 1913-20, para un relato de estos viajes. Para el de Ojeda, que es "la segunda navegación de Vespucio", consúltese Levillier, *América la bien llamada*, I, pp. 107-14 y 123-34.

[73] Las cartas de Vespucio de 18 de julio de 1500, de 4 de junio de 1501 y de 4 de septiembre de 1504 muestran que su autor pensó que los dos primeros viajes que hizo (¿Solís?, 1497-8 y Ojeda, 1499-1500) habían sido sobre litorales de Asia. Igual concepto privó en el viaje de Vicente Yáñez Pinzón (1499-1500). Véase al respecto, Pedro Mártir, *Décadas*, Déc. I, lib. 9. El mismo autor en la Década I, lib. 6, informa brevemente acerca de las dos opiniones que existían respecto de la tierra firme hallada por Colón en su tercer viaje. Dice: "los que después la han investigado con más diligencia por causa de utilidad, quieren que sea el continente indio, y que no lo es Cuba, como piensa el Almirante".

[74] El original de este mapa se encuentra en el Museo Naval de Madrid. Referencias, Harrisse, *The Discovery of North America*. Londres y París, 1892. Reproducido en Nordenskiöld, *Periplus*, 149, láminas XLIII y XLIV.

[75] Este viaje de Vespucio, como todo lo suyo, ha motivado largas y apasionadas discusiones eruditas que, para nosotros, revisten importancia muy secundaria. En efecto, lo decisivo en nuestro problema no son los itinerarios y otros detalles de esa índole, sino los conceptos que aparecen en los escritos del navegante.

[76] *Carta de Cabo Verde*, 4 de junio de 1501 y Carta a Lorenzo di Pier Francesco de Medici, Sevilla, 18 de julio de 1500. Referencias, Levillier, *América la bien llamada*, II, 278-81 y 275-8. Texto, con traducción al castellano y al inglés: Vespucio, *Cartas*, 126-41; 283-9 y 94-125; 271-83.

[77] El texto citado dice: *"perche mia intenzione era di vedere si potevo volgere uno cavo di terra, che Ptolomeo nomina in Cavo di Cattegara, che e giunto con il sino Magno"*. Carta del 18 de julio de 1500. Vespucio, *Cartas*, 98.

[78] El *"Sino Magno"* a que se refiere Vespucio es el nombre que se daba al golfo que separaba al Quersoneso Áureo de la supuesta península adicional en cuya existencia creía Vespucio.

[79] *"E io tengo speranza in questa mia navigazione rivedere, e correre gran parte del sopradetto, e discoprire molto piu."* Carta de Cabo Verde. Vespucio, *Cartas*, 136.

[80] *"...Spero venire in fama lungo secolo, se io torno con salute di questo viaggio."* Carta de Cabo Verde. Vespucio, *Cartas*, 128.

[81] La Carta autorizando el viaje, el Pliego de instrucciones y la Carta para el capitán de la armada portuguesa, en Navarrete, *Colección*, I, 277-82. Los tres documentos están fechados en Valencia de la Torre, a 14 de marzo de 1502.

[82] En la Carta de autorización del viaje los reyes prohibieron al almirante que pasara por La Española, aduciendo como razón que el derrotero del viaje era otro. Como sabemos, Colón desobedeció esta orden, alegando la necesidad de cambiar uno de sus navíos. Es probable que tuviera el deseo de hablar con Bastidas, entonces en Santo Domingo, para informarse hasta dónde ese navegante había empujado la exploración. Oviedo afirma que Colón "tenía noticias quel capitán Rodrigo de Bastidas había descubierto hasta el golfo de Urabá, que está nueve grados e medio, la punta de Caribana, que es a la boca de aquel golfo". *Historia*, Primera Parte, lib. III, cap. 9. La alusión de que se trataba de un viaje muy largo se encuentra en las *Instrucciones*: "porquel tiempo de agora es muy bueno para navegar, y según es largo el viaje que, Dios queriendo, habeis de ir todo el tiempo de aquí adelante, es bien menester antes que vuelva la fortuna del invierno". Navarrete, *Colección*, I, 279.

Por último, el permiso para llevar intérpretes de lengua árabe está en la Carta de autorización del viaje: "A lo que decis que querriades llevar uno o dos que sepan arábigo parescenos bien, con tal de que por ello no os detengais." Navarrete, *Colección*, I, 277-8.

Según Morison, el probable destinatario de la Carta dirigida al capitán portugués era Vasco de Gama, a la sazón en su segundo viaje a la India. *Admiral of the Ocean Sea*, II, 316.

[83] Diego de Porras, Navarrete, *Colección*, I, 284. Fernando Colón, *Vida*, cap. 88, y Oviedo, *Historia*, Primera Parte, III, cap. 9, documentan la busca del paso como meta inmediata del viaje.

[84] Para la reconstrucción pormenorizada del itinerario del tercer viaje de Vespucio, Levillier, *América la bien llamada*, II, 322-37.

[85] Esto explica que a partir de ese momento los textos no precisan el itinerario como hasta entonces. Levillier distribuye los días en que la armada estuvo al mando de Vespucio, por lo menos nominalmente, digo yo, de la siguiente manera: 20 días hasta la arribada al Río Jordán (hoy Río de la Plata); 10 días gastados en la exploración de su desembocadura, y los demás en el resto del recorrido hacia el sur.

[86] De acuerdo con Levillier, Vespucio empujó la exploración hasta la Patagonia en 46° o 47° de latitud sur. Cuando los navegantes llegaron al Río Jordán, debieron creer que, por fin, habían dado con el extremo de la península y por consiguiente, con el paso al Índico. Eso explica el tiempo que gastaron explorando esa desembocadura.

[87] Para la reconstrucción del itinerario del cuarto viaje de Colón, véase Morison, *Admiral of the Ocean Sea*, II, caps. 44-50.

[88] "Yo, que, como dije, había llegado muchas veces a la muerte, alli supe de las minas del oro de la provincia de Ciamba, que yo buscaba." Colón, *Lettera Rarissima*, 7 de julio de 1503, Navarrete, *Colección*, I, 298. Ciamba es la Cochinchina de la geografía de Marco Polo.

[89] Colón, *Lettera Rarissima*. Navarrete, *Colección*, I, 299.

[90] Pedro Mártir, Carta al Cardenal Bernardino de Carvajal. *Epistolario*, 168. Fechada 5 de octubre de 1496, pero evidentemente de fecha posterior al regreso de Colón en octubre de 1500. Dice Pedro Mártir que Colón "supone que estas regiones (Paria) están contiguas y pegadas a Cuba, de manera que ambas sean el propio continente de la India gangética".

[91] Con este título publicó la carta Jacopo Moreli en 1810. Desde 1505,

se había dado a la imprenta en Venecia, en traducción latina. La carta debió llegar a España a más tardar a fines de junio de 1504. El texto en Navarrete, *Colección*, I, 296-313. Se trata de un extraño documento que revela el desarreglo mental del almirante, víctima a la sazón de su quebrantada salud. Véase la alucinación que tuvo en este viaje, y que relata en colores tan patéticos.

⁹² En la *Lettera Rarissima* expresamente insiste Colón en su idea de que Cuba es la provincia china de Mangi, Navarrete, *Colección*, I, 304. En otro pasaje, I, 307, afirma que encontró "la gente de que escribe Papa Pío". Se refiere a la *Cosmographia seu historia rerum ubique gestarum locorum descriptio* de Æneas Silvio. Según Morison, *Admiral of the Ocean Sea*, II, 342, Colón alude a los masagetas. En la misma Carta, Colón dice que Salomón y David sacaron oro de las minas de Veragua, y cita como autoridades las Escrituras (*Paralipómenos y Reyes*) y el *De antiquitatibus* de Josefo, VIII, 6, 4.

⁹³ Los croquis originales fueron diseñados por Bartolomé Colón al margen de una copia de la *Lettera Rarissima*. Véase F. R. von Wieser "Die Karte des Bartolomeo Colombo über die vierte Reise des Admirals". Reimpresión de *Mitt. des Inst. für Österreichische Geschichtsforschung*. Innsbruck, 1893.

⁹⁴ Carta de 1502, enviada desde Lisboa a Lorenzo di Pier Francesco de Medici, Vespucio, *Cartas*, 142-53.

⁹⁵ Esta expresión no alude a la idea de un cuarto continente; significa que la navegación comprendió 90° de latitud terrestre, o sean, 40° desde Lisboa hasta el ecuador y 50° hasta el límite de la exploración.

⁹⁶ Carta fragmentaria relativa al tercer viaje. 1502, Vespucio, *Cartas*, 154-69.

⁹⁷ Carta llamada "El Nuevo Mundo". ¿1503? Vespucio, *Cartas*, 170-95.

⁹⁸ El texto completo es como sigue: "*Alli passati zorni assai amplamente te scrissi della mia retornata de quelli novi paese, i quali et cum l'armata et cum le spese et comandamento di questo serenissimo re de Portogallo havemo cercato et retrovato: i quali Novo Mondo chiamare nesta licito, perche apresso de i mazori nostri niuna de quelli e stata hauta cognitione, et a tutti quelli che aldiranno sera novissime cose, imperoche questo la oppinione de li nostri antiqui excede, conciosia che de quelli la mayor parte dica ultra la Linea equinotiale et verso el mezo zorno non esser continente, ma el mare solamente, el qual Atalantico hanno chimato; e si qualche uno de quelle continente li essere hanno afirmato, quella esser terra habitabile per molte rasione hamno negato ma questa sie opinione esser falsa et a la verita ogni modo contraria, questa mia ultima navigatione he dechiarato, conciosia che in quelle parte meridionala el continente io habia retrovato de piu frequenti populi et animali habitato de la nostra Europa o vero Asia o vero Affrica, et ancora l'aere più temperato et ameno che in que banda altra regione da nui cognosciute, come de sotto intenderai, dove brevemente solamente de le cose i capi scrivemo et le cose più degne de annotatione et de memoria, le quale da mi o vero viste o vero audite in questo novo mondo foreno, como de sotto seranno manifestate.*" Levillier, *Cartas de Vespucio*, 170-2.

⁹⁹ Véanse al respecto y como un ejemplo, las exaltadas frases de mi admirado amigo Roberto Levillier en su *América la bien llamada*, II, pp. 334-5.

¹⁰⁰ Contarini, Giovanni Matteo, Mapa grabado por Francesco Roselli,

Florencia (?), 1506. Referencias: J. A. J. de Villiers, A *Map of the World designed by Gio. Matteo Contarini*, Londres, 1924. Reproducido en la citada obra de Villiers.

Ruysch, Joannes. *Universalior cogniti Orbis Tabula*... 1507 o 1508. Referencias: Harrisse, *The Discovery of North America*. Londres y París, 1892, pp. 449-53. Reproducido: (en su tercera etapa) Nordenskiöld, *Facsimile-Atlas*, lámina XXXII.

[101] *Carta King-Hamy-Huntington*. Mapa manuscrito. Anónimo; *c*. 1502. Referencias: J. T. E., "Notice sur une mappemonde portugaise anonyme de 1502", en *Bulletin de Geographie Historique et Descriptive*, 1886. París, 1887. No. 4. Reproducido: Nordenskiöld, *Periplus*, lámina XLV.

Kuntsmann II. Munich-Portugués. Mapa manuscrito. *c*. 1502. Anónimo. Referencias: Kuntsmann, *Atlas zur Entdeckungsgeschichte Amerikas*. Munich, 1859. Levillier supone (Vespucio, *Cartas*, 91) que este mapa es un diseño de Vespucio.

Caneiro Januensis, Nicoló de. Mapa manuscrito. *c*. 1502. Referencias: E. L. Stevenson, *Marine World Chart of Nicolo de Caneiro Januensis 1502* (circa). *A criticae study with Facsimile. Issued under the joint Auspices of the American Geographical Society and the Hispanic Society of America*. Nueva York, 1908. Reproducido en esa misma obra.

Cantino, Alberto. *Carta da navigar per le Isole nouamente tr. in le parte de l'India*. Mapa manuscrito. *c*. 1502. Anónimo. El mapa fue obsequiado por Alberto Cantino al Duque de Ferrara. Referencias: Nordenskiöld, *Periplus*, 149-50; E. L. Stevenson, *Maps illustrating early Discovery and Exploration in America 1502-1530 reproduced by Photography from the Original Manuscripts*. New Brunswick, Nueva Jersey, 1903. Reproducido en esta última obra, No. 1.

[102] Una diferencia notable es que el *Kuntsmann II* solamente diseña los litorales de las nuevas tierras sin atreverse a completarlos imaginariamente como acontece en los tres mapas.

[103] Esta idea se ve confirmada por el título del mapa de Cantino (véase atrás la nota 101) que expresamente se refiere a las nuevas tierras como islas. La misma idea aparece en el título que le puso el primitivo editor italiano a la Carta de Vespucio de 4 de septiembre de 1504, sin que eso implique que tal haya sido el pensamiento de Vespucio. Véase adelante la nota 105.

[104] La idea, en este momento todavía predominante, de que tenía que ser poca la superficie de la tierra no sumergida respecto a la del mar, obligaba a suponer que las islas serían estrechas como, en efecto, aparecen en los mapas citados.

[105] *Lettera di Amerigo Vespuci delle isole nuovamente trovate in quatro suoi viaggi*. Lisboa, 4 de septiembre de 1504. Vespucio, *Cartas*, 200-67; referencias y nota editorial, 77-86 y 198-9. También véase Levillier, *América la bien llamada*, I, 268-78; 361-6 y II, 288-94. En este estudio no hacemos referencia a la cuarta navegación de Vespucio, porque fue un viaje que fracasó en sus propósitos. Para un relato de este viaje, véase el estudio de Levillier en Vespucio, *Cartas*, 46-52. Algunos ponen en duda la existencia de esta navegación. *Mostra Vespuciana. Catálogo*. Florencia, 1955, láminas VI y VII.

[106] Vespucio, *Cartas*, 201

[107] *Ibid.* 201.

[108] *Ibid.* 203, 233, 251 y 259.

[109] *Ibid.* 204-5.

[110] *Ibid.* 205 y 233.

[111] *Ibid.* 246.

[112] "En cuarenta y cuatro días llegamos a una tierra, que juzgamos era tierra firme y continuación de la más arriba mencionada." Se refiere a la que hallaron en el primer viaje. Vespucio, *Cartas*, 233.

[113] Hasta los más conocedores de Vespucio admiten mayor significación ideológica a la epístola *Mundus Novus* que a la *Lettera* como reveladora de un nuevo ente geográfico. Y es que se asimila indebidamente el concepto de "nuevo mundo" propuesto en la carta con el de nuevo mundo referido a América. Debido a este equívoco se deja sin explicar por qué Vespucio ya no insistió en aquella designación en la *Lettera* y al mismo tiempo se desconoce la contribución más decisiva de Vespucio al proceso ontológico americano.

[114] Esta noción de las nuevas tierras como una barrera entre Europa y Asia las hizo aparecer como un estorbo para realizar el viejo y alucinante deseo de establecer fácil contacto con las riquezas del Extremo Oriente. Semejante sentimiento fue decisivo para precipitar el proceso ontológico que venimos reconstruyendo, porque operó como catálisis al forzar la atención sobre el estorbo como algo irritante que, por eso, reclama el reconocimiento de su identidad. Esto ayuda a entender por qué fue en este momento cuando surgió un interés por las nuevas tierras, pero no ya como una posible y desilusionante Asia; por qué, también, apareció entonces un menosprecio por ellas y por su naturaleza que dio lugar a ese voluminoso fenómeno histórico que he calificado en otro lugar de la "calumnia de América" (véase mi libro *Fundamentos de la historia de América.* México, 1942, pp. 110 *ss.*), y por qué, por último, la hipótesis de la unidad de las nuevas tierras como un ente geográfico distinto y separado de la Isla de la Tierra obtuvo un triunfo tan prematuro, vista la fecha tardía de su demostración empírica, a saber: la exploración de Vito Bering en el siglo xviii.

[115] *Cosmographiae Introductio. Cum quibusdam geometrial ac astronomiæ principiis ad eam rem necesariis. In super quatuor Americi Vespucii navigationes. Universalis cosmograpiæ descriptio tam in solido quam plano eis etiam insertis quæ Ptholomeo ignota a nuperis reperta Sunt.*

[116] Waldseemüller, Martin. *Universalis Cosmographia secundum Ptholomaei Traditionem et Americi Vespucii aliorumque lustrationes.* St. Dié o Estrasburgo, 1507.

Referencias: Jos. Fischer y Franz von Wieser, *The Oldest Map with the name America of the Year 1507 and the Carta Marina of the Year 1516 by M. Waldseemüller. (Ilacomilus).* Innsbruck, 1903. Reproducido por los mismos autores en su *Die Weltkarten Waldseemüllers,* Innsbruck, 1903.

[117] El texto original es como sigue: "...*et alia quarta pars per Americū Vesputiū inventa este...*" Esta frase es la que principalmente ha dado pie a la idea de que Vespucio se atribuyó la fama que sólo le pertenece a Colón, aunque no faltan quienes, con mejor juicio, reconocen que no se puede hacer responsable al navegante florentino de lo que escribieron los autores de la *Cosmographiæ Introductio.* Pero, en uno u otro caso, el punto débil de esta interpretación es que supone en ellos o una inexplicable ignorancia res-

pecto de lo que hizo Colón o una injustificada mala fe. Ahora bien, nos parece que se trata de un falso problema debido a la falta de comprensión del verdadero sentido de la frase. En efecto, dicha frase puede entenderse de dos maneras, según se entienda, a su vez, el verbo *"invenio"* empleado en ella. Si se traduce por el verbo "descubrir", como es habitual, surge el problema; si, en cambio, se traduce, como es también posible, por el verbo "concebir", en el sentido de discurrir o comprender, entonces, no sólo desaparecen las dificultades, sino que se aclara bien el motivo que tuvieron los autores de la *Cosmographiæ Introductio* para considerar justo que la "cuarta parte" del mundo llevara el nombre de Américo, puesto que así se reconoce que fue él quien *concibió* su existencia, como, en efecto, lo fue. Esta interpretación parece quedar confirmada indirectamente por el hecho de que en el mapa de Waldseemüller de 1507 se admite en una de sus inscripciones que toda la costa septentrional de la que hoy llamamos América del Sur fue hallada por mandato de los reyes de Castilla.

[118] *"...et sunt tres prime partes cõtinentes/quarta est insula."* Se advierte que el término de "continentes" está empleado en contradistinción del término "isla", es decir en su acepción latina para significar que una cosa es vecina a otra y está junta o contigua a ella.

[119] El nombre de América aparece, como todos saben, en la parte meridional de la nueva isla. Esta circunstancia ha hecho pensar que el nombre se refiere tan sólo a esa porción; pero si nos atenemos al texto de la *Cosmographiæ Introductio*, que no hace ningún distingo al respecto, más bien debe creerse que el cartógrafo quiso amparar con ese nombre la totalidad de las tierras nuevamente halladas.

[120] En el diseño del mapa propiamente dicho aparece el estrecho de mar que se suponía podía existir aproximadamente a la altura de 10° de latitud norte; pero en el diseño de uno de los pequeños hemisferios insertados en la parte superior de la carta, los litorales se prolongan de norte a sur sin solución de continuidad, ofreciendo, en lineamientos generales, una extraordinaria semejanza con la figura del continente americano tal como nosotros la conocemos. El diseño del pequeño hemisferio fue ampliamente divulgado en la reproducción que hizo de él Joannes Stobnicza en su *Introductio in Ptholomei Cosmographiam*. Cracovia, 1512. Referencias: Nordenskiöld, *Periplus*, p. 151. Reproducción: Nordenskiöld, *Facsimile-Atlas*, lámina XXXIV.

[121] A este respecto es pertinente recordar una aguda observación de Nietzsche. "La originalidad, dice, consiste en ver algo que aún no puede nombrarse a pesar de estar ya a vista de todos. Según esté generalmente constituida la gente —aclara— el nombre es lo primero que hace visible una cosa. Las personas originales han sido también en su mayoría las que imponen nombres." (*La Gaya Ciencia*.)

CUARTA PARTE

[1] No debe tenerse la impresión de que la hipótesis de la *Cosmographiæ Introductio* fue recibida de inmediato por todo el mundo. Sin embargo, como fue la que obtuvo la comprobación empírica, el relato de las desidencias no

tiene importancia para los propósitos de este libro. Es interesante recordar que el propio Waldseemüller volvió a la idea de que la masa septentrional de las nuevas tierras eran una prolongación de Asia, según se ve por su *Carta Marina Navigatoria Portugallen Navigationes,* 1516. Referencias: Jos. Fischer y Franz von Wieser, *The Oldest Map with the name America, of the year 1507, and the Carta Marina of the year 1516 by M. Waldseemüller* (Ilacomilus). Innsbruck, 1903. Reproducido: Los mismos autores en su *Die Weltkarten Waldseemüllers,* Innsbruck, 1903, facsímile. El cambio definitivo de clima en favor de la hipótesis de 1507 se operó con Mercator. Gerhard Mercator. *Mapamundi* en proyección cordiforme doble, 1538. Reproducido: Nordenskiöld, *Facsimile-Atlas,* lámina XLIII. A este respecto debe citarse a Oviedo, *Historia,* Primera Parte, 1535, lib. XVI. Proemio, quien sostuvo vigorosamente la idea de la total independencia geográfica de las nuevas tierras respecto a Asia.

² Ortelius, Abraham. *Typus Orbis Terrarum. Ab. Ortelius describ. cum privilegio decennali, 1587.* Se encuentra en Ortelius, *Theatrum Orbis* de 1590 y ediciones posteriores. Referencias: Henry R. Wagner, *The Cartography of the Northwest Coast of America to the Year 1800.* Berkeley, California. 1937. Reproducido: *Ibid.,* lámina XIV. Para ilustrar la idea del océano como un gran lago es notable el Mapamundi Portugués firmado Lopo Homem de 1519. Reproducido: Levillier, *América la bien llamada,* II, p. 254.

³ *Continens:* contiguo, inmediatamente junto o vecino a otra cosa.

⁴ Así, por ejemplo, expresamente lo declara Gómara, *Historia general.* Carta dedicatoria al emperador don Carlos.

⁵ Herodoto, IV, 36, 41, 42, 44 y 45.

⁶ Se supone que fue Anaximandro quien empleó esas designaciones aplicadas a la división bipartita de Homero: la mitad norte del círculo del mundo era Europa y la mitad sur era Asia. Del origen de estos nombres no se tiene sino conjeturas.

⁷ Ya en Eratóstenes, Europa no comprende toda la porción norte de la Ecumene, sino que quedó reducida aproximadamente a lo que ahora se conoce con ese nombre. Libia, por otra parte, no se concibe como comprendiendo a Egipto, el cual se considera como una porción de Asia. En el Mapa anónimo genovés, 1457 (E. L. Stevenson, *Genovese World Map,* Nueva York, 1912) y en el Mapa de Fra Mauro, 1459 (Nordenskiöld, *Periplus,* pp. 62-3, 140-1), Libia ya afecta la forma de una península.

⁸ Estrabón, *Geografía,* II, v. 26.

⁹ San Agustín, *Ciudad de Dios,* XVI, 7, 8, 9, 17.

¹⁰ Raban Maur, *De Universo.* Funda la división tripartita del orbe en el dogma de la Santísima Trinidad, y vio en ella, además, una ilustración de San Mateo, XIII, 33. Una vieja tradición hebrea afirma que fue Noé quien bautizó las tres partes del mundo al repartirlas entre sus hijos. Esta tradición, que se encuentra en la *Babilónica* de Beroso (en Josefo) acabó por aceptarse como una verdad histórica hasta bien entrada la época moderna. Un texto antiguo acerca la creencia de los tres magos como representantes de las tres partes del mundo es la *Introducción a la astrología* de Miguel Scoto. Sobre la perfección mística del número tres y su aplicación a la división del mundo, véase San Isidoro de Sevilla, *Libro de los Números.* Este número, dice, es padrón perfecto, porque contiene el principio, el medio y el fin, y constando verdaderamente de tres, es sin embargo también uno.

Así el mundo, como la Trinidad, es uno efectivamente, si bien es tres en la distinción de sus partes. La división tripartita también sirvió como símbolo de la autoridad ecuménica de la Iglesia en la tiara pontificia, sin que se sepa de fijo si fue Juan XXII o Urbano V quien instituyó ese símbolo. En el siglo XVII Fr. Pedro Simón propuso que se añadiera una cuarta corona a la tiara para representar a América, *Primera parte de las noticias historiales de las conquistas de Tierra-firme en las Indias Occidentales*, Cuenca, 1627, I, cap. 9.

[11] Después de la gran revolución cultural que significó la invención de América como "cuarta parte" del orbe, subsistió la vieja división tripartita como estructura del Viejo Mundo y fue la base del europeocentrismo histórico tan vigorosamente postulado por Herder y más tarde elevado a categoría meta-histórica por Hegel, *Lecciones sobre la historia universal*, Introducción especial, II, 3.

[12] "*Quicquid præter Africam et Europam est, Asia est*", era una sentencia escolástica que expresaba bien la imposibilidad de concebir una estructura del mundo distinta a la de la división tripartita. La sentencia la cita Richard Willes para combatirla en su alegato en favor de la existencia de un paso marítimo al Catay en las regiones árticas. "Certaine other reasons, or arguments to prove a passage by the Northwest, learndly written by Richard Willes, Gentleman." *Hakluyt's Voyages*, V.

[13] Por ejemplo Oviedo, *Historia*, Primera Parte (1535), lib. XVI, Proemio; Acosta, *Historia natural y moral de las Indias* (1590), I, 20, y Juan López de Velasco, *Geografía y descripción de las Indias*, Madrid, 1894, p. 3.

[14] Edmundo O'Gorman, *Reflexiones sobre la distribución urbana colonial de la ciudad de México*. México, 1938.

[15] Gonzalo Fernández de Oviedo, *Sucesos y Diálogo de la Nueva España*. Biblioteca del Estudiante Universitario, No. 62. México, 1946. Advertencia preliminar por Edmundo O'Gorman, pp. 157-63.

[16] Acosta, *Historia natural y moral de las Indias*, III, 10.

[17] Véase Edmundo O'Gorman, *Meditaciones sobre el criollismo*. Condumex, S. A., México, 1970.

[18] Véase Edmundo O'Gorman, *La supervivencia política Novo Hispana*. Condumex, S. A., México, 1969.

[19] De gran interés al respecto es el importante libro del profesor Walter Prescott Webb, *The Great Frontier*, 1952.

[20] El contraste entre las dos Américas que hemos diseñado resalta con claridad meridiana en la comparación de dos textos de finales del siglo XVIII. Nos referimos a 1) la *Representación que hizo la ciudad de México al rey don Carlos III en 1771, sobre que los criollos deben ser preferidos a los europeos en la distribución de empleos y beneficios de estos reinos* y 2) a las *Cartas de un granjero americano*, 1782, escritas por el colono francés Michel-Guillaume de Crevecoeur. Ambos textos son fácilmente accesibles en una reciente compilación de documentos reunidos por Richard Morris, Josefina Zoraida Vázquez y Elías Trabulse, y publicada bajo el título de *Las revoluciones de independencia en México y en los Estados Unidos*, I, pp. 31-60. Colección Sep-Setentas, No. 246. Secretaría de Educación Pública, México, 1976. Es notable una frase de la *Representación* donde se dice que los criollos no tienen más recurso para sustentarse que el de los empleos públicos, y que los oficios mecánicos no se compadecen con el lustre del naci-

miento. Del texto de Crevecoeur puede decirse, en cambio, que es una apología de la dignidad de esos oficios y de las labores agrícolas.

[21] Véase el admirable libro de Daniel J. Boorstin, *The Americans*, 3 vols. 1958, 1965, 1973. Nos parece ser el mejor y más detallado estudio para documentar e ilustrar la idea de la América Sajona que he diseñado en estas páginas.

[22] En mi estudio *"History, Technology, and the Pursuit of Happiness"*, X, indico los motivos de la preeminencia de la cultura occidental que explican y justifican su enorme expansión y en el límite, la inevitable adopción de su programa esencial para todos los pueblos de la tierra. *Cf. The Frontiers of Knowledge.* The Frank Nelson Doubleday Lectures at the National Museum of History and Technology. Smithsonian Institution. Garden City, Nueva York, Doubleday and Co., Inc., 1975, pp. 79-103. Este ensayo mío fue publicado en traducción castellana en la revista *Plural* No. 12. México, septiembre de 1974, pp. 6-15.

[23] Véase sobre el particular, Edmundo O'Gorman, "Introducción" a Tucídides, *Historia de la Guerra del Peloponeso*. México, Colección "Sepan cuantos..." Nº 290. Editorial Porrúa, S. A., 1975.

ÍNDICES

ÍNDICE BIBLIOGRÁFICO

Se reúnen en este índice, por orden alfabético, los nombres de los autores citados con remisión a las notas de este libro donde se consignan las noticias bibliográficas sobre sus obras.

Clave

1. La letra "A" remite a la lista de "Abreviaturas usadas en las notas" que aparece al principio de las mismas.
2. La letra "P" remite a las notas que corresponden al Prólogo de la obra.
3. El número romano remite al grupo de notas que, respectivamente, corresponden a una de las cuatro partes del libro.
4. El número arábigo remite al de la nota de que se trate.

ÍNDICE

Este libro se terminó de imprimir y encuadernar en el mes de enero de 1995 en los talleres de Impresora y Encuadernadora Progreso, S. A. de C. V. (IEPSA), Calz. de San Lorenzo 244; 09830 México, D. F. Se tiraron 2 000 ejemplares.